AF189218

Mit tatkräftiger Unterstützung durch meine liebe Ehefrau!

Herbert Alt

Z
U
K R E U Z E
F
A
H
R
E
N
...
zwischen Kiel
und St.Petersburg

10 Häfen und 7 Länder
~ Perlen der Ostsee ~

Bibliografische Information der Deutschen Nationalbibliothek:

Die Deutsche Nationalbibliothek verzeichnet diese Publikation in der Deutschen Nationalbibliografie; detaillierte bibliografische Daten sind im Internet über http://dnb.dnb.de abrufbar.

© *2018 Herbert Alt*
Fotos im Innenteil: Herbert Alt
Foto auf Cover: pixabay.de

2. Auflage 2018/03

Herstellung und Verlag: BoD – Books on Demand, Norderstedt

ISBN 9-783746-097299

Auf nach Mallorca

Es ist Sonntag, und wir – also meine Frau und ich – haben gerade nichts Wichtiges vor; da übermannt uns mal wieder das Fernweh. Ein intensiver Blick sowohl auf unseren gemeinsamen Kalender als auch auf unser Bankkonto würden eigentlich grünes Licht geben; aber wo können wir nun Anfang des Jahres sinnvollerweise hinfahren? Mallorca ist bewährt, da ist es ab Mitte Februar meist sonnig, wenn auch noch recht frisch. Allerdings lockt das Klima auch viele Radfahrer zu dieser Zeit zu einer Trainings-Session nach „Malle". Uns hat es eher die Mandelblüte angetan. „Mal hören, was unser Reiseberater dazu sagt." schlage ich noch etwas unschlüssig meiner Gattin vor, und damit ist sie einverstanden.

Am nächsten Vormittag sitze ich bei Herr F. im Reisebüro und erzähle ihm von unserer Überlegung. „Kein Problem,", meint er, „da finden wir schon noch etwas!" Während er einige Kataloge aus den unzähligen Prospektfächern zusammensammelt, fragt er mich, ob wir uns auch schon Gedanken über den Sommerurlaub gemacht haben. Ich kann seine Frage mit einem entschlossenen „Jein!" beantworten. Gedanken haben wir uns nämlich schon gemacht; eigentlich sogar schön öfter, aber ein akzeptables Angebot haben wir bisher nicht gefunden. Um was es gehe, will Herr F. wissen. „Meine Frau und ich würden gerne mal die Hauptstädte an der Ostsee besuchen." Ich erläutere ihm auch unser Problem dabei: Mit dem Auto ist es sehr umständlich, da immer wieder Fähren in Anspruch genommen werden müssten. Und mit den großen Kreuzfahrtschiffen können wir uns nicht anfreunden. Die Dampfer mit ihren 3000 Passagieren und mehr sind uns suspekt. „Für diese schwimmenden Kleinstädte voller Unterhaltungs- und Bespaßungsangeboten fühlen wir uns eigentlich zu alt!" begründe ich unsere Einstellung.

Unser Reiseberater zögert einen Moment, dann verschwindet er mit einer hinhaltenden Handbewegung in seine Lagerräume. Es dauert nicht lange, dann kommt er mit einem weiteren Katalog zurück. Ob ich die Schiffe dieses Unternehmens kenne, will er von mir wissen. Ich werfe einen Blick auf das Deckblatt des Prospekts und schüttle den Kopf. Der Name ‚Phoenix' sagt mir nichts, außer dass es ein mythischer Vogel sein soll, der regelmäßig in Flammen aufgeht und aus der Asche wieder aufersteht. Aber eigentlich will ich nicht mit einem Schiff verreisen, das häufig in Flammen aufgeht!!

Ich verlasse das Reisebüro wieder, und jeder von uns hat nun eine Aufgabe: Herr F. darf ein Hotel auf Mallorca für uns ausfindig machen, und ich nehme den Phoenix-Prospekt voller Skepsis mit nach Hause, um ihn mit meiner Traudl zusammen zu studieren.

Am Nachmittag gibt es Tee und ein paar Plätzchen-Reste von Weihnachten. Und dazu den Kreuzfahrtkatalog. Ich blättere die ersten Seiten auf und schaue mir zunächst die

Fotos an. Kommen mir die nicht irgendwie bekannt vor!? Der Kapitän auf Seite drei lächelt mich fast vertraut an, und das Schiff darunter, die ‚MS Artania' habe ich auch schon mal gesehen. „Schau mal, den Kapitän kennst du!" lenke ich die Aufmerksamkeit meiner Frau auf diese Seite. „Vom Fernsehen!" ergänze ich, als ich ihre Denkfalten bemerke.

„Tatsächlich, das Schiff haben wir doch in der Serie ‚Verrückt nach Meer' gesehen; und den Kapitän auch." bestätigt mich Traudl. Beim Weiterblättern treffen wir noch mehr Bekannte: den Kreuzfahrtdirektor und sogar das Küchenpersonal.

Drei Schiffe fahren unter dem gleichen Anbieter, lesen wir gespannt weiter. Schiffe in einer Größe, die zwischen 600 und 1200 Passagiere befördern – also noch unterhalb der von uns gesetzten Schmerzgrenze. Das macht das weitere Studium der Reisen interessant!

„Du, die fahren auch in der Ostsee!" stelle ich erfreut fest, „Und es gibt sogar verschiedene Reisen ab Kiel und bis nach Sankt Petersburg." Plötzlich ist Mallorca in unseren Köpfen ganz weit nach hinten gewandert. Dafür ist die Ostsee nun zum Greifen nah!

Ein Blick auf den Webauftritt des Anbieters zeigt erst die Breite des Angebots: Da gibt es Reisen mit einer Dauer von zehn bis 17 Tagen, Reisen nur in der südlichen Ostsee oder auch hinauf bis ‚Oulu' im nördlichen Finnland, Reisen beginnend schon in der Ostsee ab Kiel oder bereits in der Nordsee ab Bremerhaven. Zudem fahren zwei Schiffe auf diesen Strecken, die größere ‚MS Artania' oder die mittlere ‚MS Albatros'.

Wer die Wahl hat, hat die Qual! Da ist wohl mal wieder ein Besuch im Reisebüro fällig...

~.~.~.~.~

Begleiten Sie uns auf unserer ersten Reise mit einem richtigen Kreuzfahrtschiff durch die Ostsee und erleben Sie mit uns die Vielfalt der Städte, der Menschen und auch des Wetters!

Ihr Herbert Alt

Inhalt

Die Zeit drängt

Es ist fast ein halbes Jahr vergangen. Der Urlaub auf Mallorca war wieder einmal herrlich: viel Sonne, eine abwechslungsreiche Insel mit Bergen, weiten Sandstränden und reizenden kleinen Städtchen – und mit einem Kreuzfahrtprospekt. Natürlich haben wir die Auszeit auf ‚unserer‘ Insel im Mittelmeer genutzt, um bei Strandspaziergängen und abends im Hotelzimmer die Angebote des Reiseveranstalters genauestens nach Schiffsgröße, Reiseroute und Kabinenart zu vergleichen. Auch die Grundpreise je Kreuzfahrt sind sehr unterschiedlich. Dann kommen noch die Ausflüge hinzu. Die sind zwar ‚optional‘, aber wenn wir schon mal nach Schweden, Finnland und sogar nach Russland kommen werden, dann wollen wir auch mehr als nur den Hafen sehen! Und die baltischen Staaten haben uns auch schon lange interessiert.

Schließlich haben wir nach unserer Rückkehr von Mallorca auch noch weiter im Internet recherchiert. Und unseren Bekanntenkreis nach Erfahrungen mit diesem Kreuzfahrtunternehmen ausgehorcht; zumindest hatten wir das vor, aber außer ein paar Bemerkungen wie „Kennen wir vom Fernsehen“ kamen keine hilfreichen Kommentare. Blieb also nur nochmal der Weg ins Reisebüro.

„Sie sind spät dran!“ stellt unser sonst stets hilfsbereiter Fachmann knallhart fest. „Reisen dieser Art bucht man ein Jahr im Voraus – wenn nicht noch länger! Zumindest wenn man auch noch seine Wunschkabine haben möchte." Peng! Das war eben der Knall, mit dem unser Reisevorhaben geplatzt ist. Wir sitzen enttäuscht auf den Stühlen unserem mitleidig dreinblickenden Berater gegenüber. „Inzwischen gibt es auch schon die Kataloge für nächstes Jahr!" versucht er uns wieder etwas aufzumuntern. Und schiebt uns den Seefahrten-Katalog von Phoenix für das kommende Jahr über den Tisch.

Ich rapple mich als erster wieder auf und blättere im Katalog. Tatsächlich, etwa zur gleichen Zeit ist auch im nächsten Jahr wieder die Reise ‚Perlen der Ostsee' im Programm. Allerdings nur mit dem größten Schiff der Flotte, der ‚MS Artania' mit bis zu 1200 Reisegästen. „Ist denn da noch etwas frei?" ergreift nun meine Frau die Initiative. Nach ein paar Klicks auf dem Computer kommt die erlösende Antwort: „Ja, es gibt in fast allen Kategorien noch einige freie Kabinen. Nur die Suiten sind schon fast alle weg!" Aber die kommen schon allein wegen des Preises für uns nicht in Frage. Gut, diese Kabinen wären deutlich größer und haben einen kleinen Balkon dabei. Und man kommt in den Genuss, als ‚Silber'- oder gar ‚Gold'-Gast eingestuft zu werden; aber die Reiseroute und die Ausflüge sind deshalb auch nicht anders als die der Passagiere der unteren Decks mit kleineren Bullaugen-Kabinen. „Ich hab' da noch etwas dazwischen:" weckt Herr F. unsere Aufmerksamkeit, „Es gibt auf dem Jupiterdeck die deutlich teureren Junior-Suiten, aber auch einige wenige normale Kabinen, die zusätzlich Balkons haben!" Das klingt nach einem passenden Kompromiss, denn der Preis liegt nur geringfügig über dem einer Standardkabine. „Gibt es da so etwas wie einen Frühbucher-Rabatt?" versuche ich den Preis weiter zu drücken, schließlich findet die in Frage kommende Reise ja erst in gut einem Jahr statt. „Der Zeitraum für Frühbucher ist leider schon seit einem Monat vorbei." Enttäuscht schauen wir uns an, aber das bestätigt nur, was unser Reiseberater zu Beginn gesagt hat: Mindestens ein Jahr im Voraus buchen!

„Ich kann eine Option für eine Kabine erstellen. Dann haben Sie noch drei Tage Zeit, darüber nachzudenken. Erst dann wird die Option zur Festbuchung!" Wir schauen uns im Katalog die Lage der noch freien Kabinen an und finden auch eine, die unseren Vorstellungen entspricht: nicht auf dem Saturndeck, wo immer Leute vor dem Fenster vorbeilaufen, nicht hinter einem der Rettungsboote, die an den oberen Decks oft vor den Fenstern baumeln, nicht ganz weit hinten, wo man die Motoren stärker hört, nicht an einem Flur, über den das ganze Schiff zu den Speisesälen muss, und schließlich sogar mit eigenem Balkon.

„In Ordnung, bitte erstellen Sie die Option!" geben wir in Auftrag, nachdem wir uns nur kurz schweigend mit Blickkontakt abgestimmt haben.

Gute Ehepaare verstehen sich eben auch ohne viele Worte!

Die Qual der Wahl

Eine Woche später kommt Post. Im Briefkasten liegen ein großes Kuvert und ein normales, beide mit einem Phoenix-Logo in der Ecke. Im großen Kuvert stecken zwei Kataloge, einer für Seereisen bis Dezember im nächsten Jahr, einer für Flusskreuzfahrten. Den ersten haben wir schon, den hat uns das Reisebüro mitgegeben. Den zweiten werden wir bei Gelegenheit studieren.

Im kleinen Kuvert steckt die mehrseitige Buchungsbestätigung. ‚MS Artania‘, ‚Perlen der Ostsee‘, Kabinennummer, Termin und Preis stimmen. Und es liegen zwei Überweisungsformulare bei, eines für die Anzahlung, die in wenigen Tagen fällig wird, und für den Restbetrag, der etwa einen Monat vor Reisebeginn erwartet wird. Außerdem finden wir einen Hinweis, dass die Ausflüge rund zwei Monate vor Reisebeginn online gebucht werden können.

„Welche Ausflüge wollen wir machen?" Damit bringe ich meine Frau ins Grübeln, denn in der Reiseausschreibung im Internet waren in jedem Hafen mehrere Ausflugsziele angeboten. Also setze ich mich wieder an den PC und rufe die Seite der ‚Perlen der Ostsee‘ auf. Im Routenverlauf stehen die Termine, wann welcher Hafen angelaufen wird, und mit einem Klick auf das Pluszeichen daneben öffnet sich zu jedem Ort eine Beschreibung der verschiedenen Ausflüge.

„Wir starten in Kiel, da gibt es keine Ausflüge. Einziger Programmpunkt dort ist die Einschiffung." stellt meine Gattin fest. Der erste Hafen ist dann Mariehamn und liegt auf den Åland-Inseln zwischen dem finnischen und schwedischen Festland, entnehme ich der kleinen Landkarte auf der Webseite. „Was gibt es dort zu sehen? Ich kann mir unter Mariehamn nichts vorstellen!" muss ich zugeben; aber meiner Frau geht es genauso. „Dann sind wir wohl auf einen Ausflug angewiesen. Da werden wir dann schon das Interessanteste der Insel kennenlernen!" folgere ich aus unserer Unkenntnis.

Etwas leichter tun wir uns beim nächsten Kreuzfahrtziel: Stockholm. Dort waren wir vor nicht allzu langer Zeit für drei Tage und kennen die Stadt schon etwas und auch Teile der riesigen Schärenlandschaft. Gerade diese Inselwelt werden wir ja bei der Ein- und Ausfahrt vom Schiff aus nochmal in ihrer ganzen Pracht erleben. Was uns noch fehlt, ist das Schloss Drottningholm, der Sommersitz der schwedischen Königsfamilie. und genau so ein Ausflug ist im Angebot; er wird in Gedanken schon mal markiert.

Weiter geht es nach Turku, der früheren Hauptstadt Finnlands. Den Beschreibungen zufolge kann man hier mit dem Shuttlebus ins Zentrum fahren, oder an zwei Ausflügen ins Umland teilnehmen. Bei vier Stunden Aufenthalt wollen wir das Städtchen auf eigene Faust erkunden, einen Ausflug ziehen wir daher erst mal nicht in Betracht.

Aber dann kommt ein Knaller: Helsinki. Angeboten werden verschiedene Fahrten in die Umgebung der Hauptstadt, aber auch eine ausgiebige Stadtführung zu Fuß. Da wir in erster Linie die Stadt kennenlernen wollen, merken wir uns letztere mal vor. „Kannst du dir das alles merken?" will Traudl wissen, aber der Zweifel klingt in ihrer Stimme schon deutlich mit. „Ich drucke die Ausflüge mal aus!" biete ich als Lösung an und schicke die Liste zu meinem Drucker, der auch brav anfängt zu drucken. Aber hört er auch wieder auf?? Ich schaue mir die ersten beiden gedruckten Seiten an und stelle fest, dass ich wohl die ganze Webseite in Auftrag gegeben habe! Und das beinhaltet auch sämtliche Kabinenkategorien auf allen Decks, das Vor- und Nachprogramm, und neben unzähligen Bildern irgendwann vielleicht auch die Liste der Ausflüge.

Ich breche den Ausdruck ab und schaue mir die Webseite nochmal genauer an. „Da gibt es ja sogar eine eigene Druckfunktion auf der Seite." muss ich nun feststellen und bekomme noch die Abfrage präsentiert, welchen Teil der Informationen ich drucken möchte, unter anderem auch den Routenverlauf inklusive der Ausflüge. Jetzt spuckt mein Drucker nur noch sechs Seiten aus, aber eben nur die Reisedaten mit Ausflügen.

Mit „So, dann wollen wir mal…" präsentiere ich den Ausdruck meiner Frau, die inzwischen mit Leuchtmarker bewaffnet neben mir sitzt. In Stockholm wird der Ausflug nach Schloss Drottningholm angepinselt, Turku wird durchgestrichen und für Helsinki wird die Stadtführung nun gelb unterlegt. „Da fehlt doch noch was!" stellt Traudl fest, und ergänzt auch gleich „Die Stadtrundfahrt mit Führung auf den Åland-Inseln!" Auch hier kommt der Gelbstift zum Einsatz.

In Sankt Petersburg liegt die MS Artania fast zwei ganze Tage. Da bieten sich gleich mehrere Ausflüge an: ein Ausflug nach Puschkin und eine Stadtführung mit Eremitage. „Abends könnten wir noch die Bootfahrt machen!?" War das eine Frage oder eine Aufforderung meiner Gattin? Egal, wir markieren vorsichtshalber mal alle drei Angebote, die wir in die nähere Wahl gezogen haben.

Sowohl in Tallin als auch in Riga entscheiden wir uns für eine Stadtführung, in Tallin gibt es sogar einen Abstecher zum Katharinenpalast. Danzig kennen wir zwar auch schon von einer früheren Reise, dennoch wählen wir mal die Stadtführung, denn der Hafen liegt weit außerhalb der Stadt, und so kommen wir wenigstens bequem in die City.

Bleibt als letzter Punkt noch Binz auf Rügen. „Da ist ein Sternchen im Terminplan." stelle ich fest und finde auch die Fußnote. „Ausbooten wetterabhängig." Also ist der Besuch von Rügen unsicher, denn Binz hat gar keinen richtigen Hafen, nur eine Seebrücke mit einer zu geringen Wassertiefe für die Artania. Und von den Ausflügen lacht uns Stralsund mit Besichtigung der Gorch Fock I an.

Wir zählen zusammen: Zehn Ausflüge kommen also noch zu unserem Reisepreis hinzu; aber wer weiß, ob wir später überhaupt nochmal in diese Gegenden kommen!

Der Countdown läuft

In zwei Monaten gehen wir an Bord! Wie angekündigt sind nun auch die Ausflüge über die Website buchbar. Und nicht nur das: Wir werden aufgefordert, diverse Informationen in die Online-Formulare einzutragen! Dazu gehören Antworten auf Fragen wie ‚Wer soll im Fall einer Krankheit oder des Todes benachrichtigt werden?‘ oder ‚Können wir Sie über eine Handynummer erreichen?‘

Schließlich können wir nun unsere Ausflugsliste wieder hervorkramen und die Wünsche dem Internet übermitteln. Da in keinem Fall eine besondere Mitteilung erscheint, sind wohl alle Ziele akzeptiert worden. Als E-Mail erhalten wir sogar eine Bestätigung über unsere Buchungen. Bezahlt werden die Ausflüge erst an Bord zusammen mit der Rechnung für zusätzliche Getränke, Souvenirs aus dem Bord-Shop oder anderen Ausgaben, denn es könnte ja ein vorab gebuchter Ausflug ins Wasser fallen und der erscheint dann gar nicht erst auf der Rechnung.

Unsere Schiffsreise beginnt in Kiel – aber wie kommen wir dorthin und am Ende wieder zurück? Müssen wir unser Gepäck die ganze Strecke selbst transportieren? Auf einem Kreuzfahrtschiff wird schließlich garderobenmäßig einiges erwartet – von Badehose bis zum gedeckten Anzug oder Cocktailkleid!

Die Möglichkeit, mit dem eigenen Auto quer durch ganz Deutschland zu fahren, wollten wir schon mal ausschließen; bleiben Bahn, Bus oder Flugzeug. Aber da Phoenix selbst einen Buszubringer anbietet, haben wir dieses Angebot studiert aber dann doch wieder verworfen – über Augsburg fährt leider kein Direktbus zum Hafen. Dafür wurde uns ein deutschlandweit gültiges Bahnticket angeboten, was bei der Entfernung durchaus Sinn macht. Wir haben es daher schon frühzeitig dazu gebucht.

Auch das Gepäck machte uns Sorgen. Bei einer Rückfahrt vom Flughafen München nach Augsburg im Zug an einem Freitagnachmittag hatten wir schon mal große Probleme, unsere zwei Koffer und eine Reisetasche zwischen den Sitzen unterzubringen, was uns einige saftige Beschwerden der Mitreisenden eingebracht hatte. Aber auch daran hat unser Veranstalter gedacht und den Flyer eines Logistik-Unternehmens der Buchungsbestätigung beigelegt. Mit diesem Transportdienst arbeitet Phoenix zusammen, und der Koffer wird zwei oder drei Tage vor Ablegen des Schiffes zuhause abgeholt. Wir werden ihn dann erst in unserer Kabine an Bord wieder sehen. Dieses Angebot haben wir bereits für zwei unserer Koffer beauftragt. Dann bleibt uns nur ein kleiner Tageskoffer mit einer Notausrüstung an Wäsche und Kleidung sowie eine kleine Reisetasche mit Fotoausrüstung, Brotzeit und Dokumenten zum Selbsttransport – sobald es dann losgehen wird.

Langsam wird es Zeit, die restliche Zahlung des Reisepreises vorzunehmen. Warum in die Ferne schweifen, wenn das Internet liegt so nah!? Im Banking-Programm sind die nötigen Zahlen schnell eingegeben, aber statt einer Bestätigung landet eine Fehlermeldung auf meinem Bildschirm: ‚Der Betrag überschreite das maximal vereinbarte Limit.‘ Ach ja, sicherheitshalber habe ich das Tageslimit auf 2000 Euro festsetzen lassen, und der nun fällige Betrag liegt doch etwas darüber! Also rufe ich bei meiner Bank an und bitte darum, das Limit für eine Überweisung hochzusetzen. Und siehe da, schon werden wir unser Geld nun auch online ohne weitere Probleme los. „Warum hast du nicht einfach zwei Überweisungen gemacht? Eine Hälfte des Betrags heute, den Rest morgen?“ fragt mich meine bessere Hälfte, womit sie eigentlich auch Recht hat. Für diesmal ging es ja auch so. Aber den Trick merke ich mir fürs nächste Mal.

Keine Woche später flattert ein dickes Kuvert in unseren Briefkasten. Hier steht in ausgedruckter Form nun alles nochmal, was ich inzwischen mittels Copy&Paste aus den Internetseiten unserer Reise in meine Textverarbeitung übernommen und dank der Druckfunktion zu Papier gebracht habe, nur jetzt viel sauberer. Das Wichtigste sind wohl die Reisepläne, getrennt für Traudl und mich. Sie beinhalten unsere Reisedaten, die Schiffsbezeichnung und Buchungs- sowie Kabinennummer. Auch unsere gebuchte Bahnfahrkarte liegt bei und einige Hinweise zur Einschiffung. Was wir dann mit dem Hinweis zur PKW-Unterstellung machen sollen, erschließt sich mir nicht ganz; das wird wohl allen mitgeschickt.

Schließlich finden wir noch den vielsagenden Hinweis, dass die Erstellung des Manifests erst bei der Einschiffung oder gar erst an Bord erfolgt. „Was ist ein Manifest?" fragen wir uns gegenseitig, bekommen aber auf diese Weise keine Antwort. Also muss Wikipedia ran:

Bei Kreuzfahrten dient die von vielen Reedereien als Schiffsmanifest bezeichnete Liste zur Erfassung von Passagierdaten (Adressdaten, Kontaktinformationen, Passdaten usw.) für die Einschiffung und die Einreiseformalitäten in den Häfen. Die erfassten Daten werden an Bord mitgeführt und bei der Einreise in den Häfen an die dortigen Behörden weitergegeben.[1]

Gut, wieder etwas dazugelernt!

~.~

Noch drei Tage, dann geht es endlich los. Heute sind schon in aller Frühe die Koffer wie vereinbart abgeholt worden. Eine schmächtige Dame hat sich mit unseren beiden Schwergewichten ganz schön abmühen müssen.

Wenn es nach uns ginge, könnten wir sofort gen Kiel starten! Aber es sind ja nur noch wenige Tage…

---

[1] Seite „Ladungsmanifest". In: Wikipedia, Die freie Enzyklopädie. Bearbeitungsstand: 15. März 2016, 21:51 UTC. URL: https://de.wikipedia.org/w/index.php?title=Ladungsmanifest&oldid=152543207 (Abgerufen: 2. Januar 2018, 17:18 UTC)

Kreuzfahrt per Bahn

Ab halb 7 sitzen meine Frau und ich gestiefelt und gespornt in unserer Wohnung und warten auf unser ‚Taxi'. Unser Sohn hat sich erboten, uns die erste Etappe auf der Reise zu erleichtern; er fährt uns zum Bahnhof nach Augsburg. Eigentlich hätten wir locker die beiden Wecker auf 30 Minuten später stellen können, denn wir wissen aus Erfahrung, dass wir nicht länger als eine Stunde brauchen, um das Haus zu verlassen. Und unseren Sohn haben wir erst für 7 Uhr bestellt. Die zehn Minuten Wegstrecke bis zum Bahnhof werden wir dann wohl noch in den verbleibenden 35 Minuten bis zur Zugabfahrt schaffen. Aber wir gehen da eben lieber auf Nummer sicher. Oder: Lieber 10 Minuten zu früh als 1 Minute zu spät!

Es klingelt, unser Taxi ist pünktlich. „Haben wir auch alles?" Man könnte auch gleich fragen: ‚Was haben wir vergessen?' Dabei haben wir sämtliche Unterlagen inklusive Bahnkarten, Pässe, Geld und alle Informationen für das Schiff schon mindestens dreimal kontrolliert. Bügeleisen und andere tendenziell vergessenen Geräte sind auch alle aus. „Soll ich auch noch die Sicherungen ausschalten?? Aber dann kann der Videorekorder unsere regelmäßigen Sendungen nicht aufnehmen!" schlage ich als Universallösung meiner Frau vor, bekomme aber nur ein „Du übertreibst wieder!" als Antwort. Nun denn, ab ins Auto! Der Verkehr hält sich um diese Zeit noch sehr in Grenzen, und keine Viertelstunde später heißt es schon wieder Abschied vom Sohn nehmen. Der Arme muss jetzt zur Arbeit. Ein bisschen bedauern wir ihn schon.

Der ICE auf Gleis 3 fährt pünktlich ein; zwei Minuten Verspätung auf den paar Kilometern von München bis Augsburg sind wohl akzeptabel. Bis Hamburg sind es etwa 750 Kilometer, also genug Strecke, um die Verzögerung wett zu machen. Wir finden unseren Wagen und die reservierten Sitzplätze ohne Probleme und können sogar unseren kleinen Tageskoffer in die Gepäckablage über unseren Köpfen hieven. Die Tasche mit Lesestoff, Foto und Brotzeit lassen wir zwischen den Füßen stehen.

In Würzburg hat sich unsere Verspätung verdreifacht. Aber die Schnellbahnstrecke kommt ja erst, und da kann sich der ICE mal richtig austoben! Außerdem haben wir fast 30 Minuten Übergangszeit in Hamburg, um den Anschluss nach Kiel zu erwischen. Also abwarten und Tee trinken. Da fällt mir ein: „Hast du eigentlich auch etwas zum Trinken eingepackt?" – „Sicher, eine Flasche Wasser muss in der Tasche sein; schau doch mal nach!" Ich wühle mich durch Tüten mit Äpfeln und Nüssen, grabe unter den Zeitungen weiter und hole schließlich – nein, keine Wasserflasche – meine Kameratasche heraus, um einen besseren Einblick in die Reisetasche zu bekommen. Kein Wasser! Meine Gattin kann es nicht glauben und schaut selbst nach; mit dem gleichen Ergebnis: „Ich habe doch die Flasche gestern Abend in den Kühlschrank gestellt, damit sie unterwegs frisch bleibt!" – „Und da steht sie wohl noch immer." stelle ich resignierend fest.

Als nach einer halben Ewigkeit der Zugbegleiter durch den Wagen geht und nach Wünschen fragt, bestelle ich sofort eine ‚Cola light'. Und prompt nach ein paar Minuten taucht der rettende Engel wieder auf und präsentiert mir eine Coladose, für die auch sofort ein paar Euro bezahle. Bei näherer Betrachtung der Dose wundere ich mich, dass es überhaupt so kleine Dosen gibt. Bisher kannte ich nur 0,5 und 0,33 Liter Dosen, aber es gibt tatsächlich auch 0,25er.

In Hannover ist unsere reale Übergangszeit auf Null zusammengeschrumpft. Als der Zugbegleiter mal wieder durch die Reihen geht, frage ich ihn nach der Chance, unseren Regionalexpress nach Kiel zu erreichen. Er wiegt ein paar Sekunden den Kopf hin und her, während er in seinen Unterlagen blättert. Die Wahrscheinlichkeit ist eher gering, aber angeblich soll eine Stunde später wieder ein Zug nach Kiel fahren. Das würde uns locker reichen, um rechtzeitig zum Einchecken am Schiff zu sein, aber unsere reservierten Plätze wären dann natürlich weg! Ich stelle mich schon mal auf 70 Minuten Stehen ein.

Eine gute weitere Stunde später rollen wir in Hamburg über die Elbe. „Genau jetzt fährt unser RE nach Kiel ab!" gebe ich meiner Frau zu verstehen, denn bis gerade eben noch war sie überzeugt, dass wir die letzten Kilometer in Lichtgeschwindigkeit zurücklegen werden, um noch pünktlich anzukommen.

Unser ICE wird immer langsamer, und schließlich rollen wir in den Bahnhof ein. Koffer und Reisetasche in den Händen, verlassen wir den Zug und schauen auf die Infotafel am Bahnsteigende, wo denn die Züge nach Kiel abfahren. „Da müssen wir nur die Treppe hinunter!" stelle ich nach einem Rundumblick fest. „Da steht doch auch ein Zug!!" ruft meine Frau aus, so dass es der halbe Bahnhof mitbekommt. Tatsache! Ich fasse meinen kleinen Rollkoffer am Griff, um so schneller voranzukommen und wir stürmen die Stahltreppe hinunter. „Kiel, Abfahrt 13:22" lese ich meiner Frau die Leuchtschrift auf dem Wagen vor, und: „Das ist unser Zug! Nichts wie rein!" Es ist 13:27, und wir sind der Bahn ausnahmsweise dankbar für diese Verspätung.

Anscheinend hat der Zug nur auf uns gewartet, denn wir sitzen noch nicht mal auf unseren Plätzen, da rollt er schon aus dem Bahnhof. Der Wagen ist halb leer. Deshalb suchen wir nicht lange nach unseren reservierten Plätzen, sondern nehmen in diesem Doppelstockwagen gleich in den ersten freien Sitzen Platz.

Dieser gemütliche Regionalexpress schafft aber, was unser schneller ICE nicht vermocht hat: er holt seine Verspätung wieder auf. Langsam fällt ein Stein nach dem andern von unseren Herzen, und als wir sogar vorpünktlich in Kiel einrollen, ist die Welt für uns wieder in Ordnung.

Alle Mann an Bord

„Es ist etwas mehr als ein Kilometer bis zur Anlegestelle; nehmen wir uns ein Taxi?" Im Moment, als ich die Frage stelle, kenne ich auch schon die Antwort meiner Frau. Eine kurze Strecke, wenig Gepäck, kein Regen in Aussicht, noch über eine Stunde Zeit bis zur offiziellen Einschiffung und ein Stadtplan in der Hand – das kann nur heißen ‚Wir gehen!'.

Gut, vom Bahnhofsvorplatz sehen wir schon hinunter zur Kieler Förde, in der ein paar kleinere Schiffe liegen und uns mit ihren Masten den Weg weisen. Wir laden also unsere Reisetasche huckepack auf den Rollkoffer, den ich dann hinter mir her Richtung Wasser ziehe. Dort geht es links weiter, immer am Wasser entlang, wo es möglich ist. Manchmal sperrt ein Zaun einen Teil des Kais ab, und dahinter liegen auf dem Trockenen rote und grüne Tonnen, die hier wohl einen neuen Anstrich bekommen. Auch Ausflugsboote reihen sich aneinander, die sind aber für unser Vorhaben deutlich zu klein. Nach halber Strecke und einem leichten Linksknick stehen wir vor einem Backsteinbau; laut Stadtplan das Schifffahrtsmuseum. Wir müssen ihm in weitem Bogen ausweichen, um weiter Richtung Ostseekai gehen zu können.

„Da vorne liegt die Artania!" rufe ich meiner Frau zu und zeige in die Richtung geradeaus vor uns. Hinter verschiedenen kleinen Gebäuden zwischen Straße und Wasser ragt ein türkiser Schornstein mit gelber Sonne und großem Seevogel hervor. Also nichts wie hin! Mit einem schnelleren Schritt sind wir keine fünf Minuten später an einem modernen Gebäude mit durchgehender Glasfront und der großen Aufschrift ‚Ostseekai', direkt dahinter unser Zuhause für die nächsten Tage. Wir sind nun nicht mehr alleine unterwegs und folgen den Leuten, die ins Innere des Hafengebäudes drängen.

„Wau -was für ein Empfang!" entfährt es Traudl. Überall stehen kleine Tische mit Knabbereien zwischen unseren künftigen Mitreisenden, und türkis und weiß bekleidete Damen und Herren verteilen Sekt. „Ihr Gepäck können Sie dort drüben abgeben; wir transportieren es in Ihre Kabine." erklärt uns eine der Türkisweißen. Wir schauen uns kurz an, entscheiden uns aber für einen weiteren Eigentransport; wir haben ja nicht viel dabei. Ob unsere Koffer schon den Weg hierher gefunden haben? Wir lugen mal vorsichtig zwischen den Menschen an der Gepäckabgabe hindurch in der Hoffnung, unsere beiden roten Koffer zu entdecken. Fehlanzeige! „Die sind sicher schon auf dem Schiff." versuche ich so sachlich wie möglich festzustellen, obwohl ein gewisser Zweifel trotzdem in meiner Stimme mitschwingt. Wie schon mal gesagt, abwarten!

‚Check-In Deck 3 – 4' steht über einer Art Abfertigungsschalter, ‚Check-In Deck 5 – 6' über dem nächsten, und an jedem stehen kurze Schlangen von Personen mit ihren Reiseunterlagen in den Händen. „Wir haben eine Kabine 7216, also brauchen wir den Schalter für Deck 7." folgere

ich, und dränge Traudl trotz Sektglas in der einen Hand
und Reisetasche nun in der anderen zum nächsten Checkin
mit unserer Nummer. Hier steht nur ein Pärchen vor uns,
und wir beobachten schon mal, was gleich auf uns zukom-
men wird. Aber die sind schon fertig, und wir stellen erst
mal unsere Gläser auf die Theke. „Kann ich bitte Ihre Reisepläne sehen, und Ihre Pässe brauche ich auch!" freundlich aber bestimmt lächelt uns die Dame in der zweifarbi-
gen Uniform an. „Die sind in der Außentasche deiner Reisetasche." Wende ich mich an meine Gattin, die auch
gleich das Paket mit unseren Unterlagen herausangelt. Die
nette Dame zieht mit routiniertem Griff unsere Pläne aus
dem Stapel Papier, die Pässe lege ich vor sie hin. „Schauen
Sie bitte in die Kamera, ich mache ein Foto für Ihren
Bordausweis. Sie wackelt ein bisschen an der kleinen
Webcam herum und ist mit den Lichtverhältnissen wohl
nicht so ganz zufrieden. Schließlich nickt sie und meine
Frau soll nun auch in die Linse lächeln. Während der Drucker schnurrt, erklärt uns die Uniformierte, wie wir aufs
Schiff kommen. Es sei zwar noch nicht offizielle Einschiffungszeit, aber wir könnten dennoch schon an Bord. ‚Die
Treppe rauf, und dann immer den Phoenix-Schildern
nach!' Zum Abschluss drückt sie uns jeweils ein türkises
Mäppchen mit unseren Bordausweisen in die Hand. „Das
soll ich sein?" bemängelt meine Frau die Qualität des Fotos darauf, aber zumindest die Daten stimmen.

Ich greife mir noch schnell eine Handvoll Nüsschen von
einem der Stehtische und ziehe meinen kleinen Koffer zur

Rolltreppe. Traudl wählt die Treppe. Nach Schildern brauchen wir gar nicht Ausschau halten, an jeder Tür oder Ecke steht ein türkisweißes Besatzungsmitglied, lächelt freundlich und weist den Weg hinaus auf eine lange Landungsbrücke, deren Ende an einer Luke im Schiffsbauch endet. Vor lauter ‚Jetzt geht's an Bord' vergesse ich ganz, dass dieser Moment eigentlich im Foto festgehalten werden sollte.

Vor besagter Luke stehen schon fünf oder sechs Reiselustige und warten darauf, an Bord gehen zu können. Der erste in der Reihe kramt umständlich in seinen Sachen und findet offensichtlich seinen Bordausweis nicht. Komisch, den hat er doch erst vor ein paar Minuten bekommen – wie kann er sich da schon in Luft aufgelöst haben? Schließlich tritt der ‚Bremser' zur Seite und die Schlange löst sich schnell auf. Wir halten unsere Bordkarten an einen Scanner, der jeden von uns mit einmaligem Piepen begrüßt. Und nicht nur der Computer heißt uns willkommen, sondern auch der Kreuzfahrtdirektor höchstpersönlich, den wir vom Fernsehen schon gut kennen; ihn gibt es also wirklich.

Aber das Wichtigste ist: wir sind an Bord!

Unser neues Zuhause

Hinter der Eingangskontrolle öffnet sich ein zweistöckiger Raum mit einem großen Kunstwerk in der Mitte, das eine Schar Vögel im Flug darstellt. Sitzgelegenheiten und diverse Theken mit türkisweißen Damen und Herren dahinter, gut gefüllte Postkartenständer, eine breite Treppe nach oben und eine Säule mit 2 Aufzügen machen einen Eindruck wie in einer modernen Hotelhalle. Auf dem Platz vor den Liften steht eine lange Reihe von Leuten, teils in brauner Arbeitsmontur, teils im schon bekannten türkisweißen Outfit, aber die meisten haben schwarz-weiße Kleidung, die an Zimmermädchen und Kellner erinnert. Ein junger Mann in letzterer Ausstattung fragt uns, ob er uns den Weg zur Kabine zeigen darf. Zumindest interpretieren wir seine Worte so, denn es scheint ein Südostasiate zu sein, der etwas gebrochen Deutsch spricht. Wir nicken und danken für das freundliche Angebot. Dann nimmt er mir den Koffer ab und geht voraus zu einem der Aufzüge. Mit „Bordausweis bitte" verschafft er sich einen Überblick, wohin er uns bringen soll. Im Lift drückt er auf die 7, und nahezu geräuschlos setzt sich der Aufzug in Bewegung, fünf Decks nach oben. Dort geht es erst rechts, dann links, dann nochmal …?? „Weißt du noch, auf welcher Seite des Schiffs wir jetzt sind?" fragt mich etwas verwirrt meine Frau, aber ehrlich, ich bin auch etwas desorientiert. Nach ein paar Schritten stehen wir mit dem Steward vor der Kabine 7216; und nicht alleine, sondern zusammen mit zwei roten Koffern (Hurra!), die er erst mal zur Seite schiebt, damit wir überhaupt an die Tür kommen können. Der hilfreiche Geist nimmt die Bordkarte aus ihrer türkisen Umhüllung und steckt sie in den Schlitz über der Klinke, um sie gleich wieder herauszuziehen. Prompt leuchtet ein grünes Lämpchen auf, und der nette Asiate öffnet die Tür für uns. Das also ist unser Heim für die nächsten elf Tage.

Der Eingang ist etwas eng, denn gleich links ist das Bad und ihm gegenüber ein breiter Schrank. Zum Fenster hin wird die Kabine aber deutlich breiter, rechts ist ein Sofa, links steht ein rundes Tischchen mit einem Sessel davor, und an der Wand wohl ein hochgeklapptes Bett. Das Fenster ist bodenhoch, und eigentlich ist es eine Schiebetüre. „Ich schau mal raus!" kündigt meine Gattin an, und schon steht sie auf dem Balkon oder besser Balkönchen, denn der Platz reicht gerade für zwei Stühle und einen kleinen quadratischen Tisch, große Liegestühle hätten hier keinen Platz. Der Blick durch die Scheibe verrät mir, dass wir auf der Backbordseite sind und einen Blick über das große Hafenterminal hinweg auf Kiel haben. Draußen strömen inzwischen immer mehr Reisegäste über die lange Zugangsbrücke dem Schiff entgegen. „Jetzt kommen erst die Leute, die sich an die offizielle Einschiffungszeit halten!" stellt meine Frau fest, und mit einem Blick nach unten zu einer anderen Öffnung im Schiffsrumpf: „Die Koffer der Neuankömmlinge werden auch schon verladen."

Ich mache es mir erst mal auf dem Sofa bequem und inspiziere von dort aus die Kabinenausstattung. Auf dem Tischchen steht ein Teller mit einigen Pralinen, dahinter ein Körbchen mit etwas Obst und sogar eine 0,7er Flasche Sekt mit zwei Gläsern steht dabei. Damit ist der Tisch aber voll. An der Wand hängt ein großer Spiegel mit Beleuchtung, und davor eine Art Schreibtisch, auf dem einige Prospekte liegen. Ich greife mir die Unterlagen und lasse mich wieder aufs Sofa sinken. Werbung für den an Bord befindlichen Spa mit Rabattgutscheinen, eine kleine Menükarte mit Speisen und Getränken, die man sich auf die Kabine bestellen kann und ein ‚Tagesprogramm' sind darunter. An der Wand mir gegenüber hängt ein Fernseher.

Das Tagesprogramm schaue ich mir mal näher an, vielleicht steht dort, was es heute noch zu sehen oder zu hören gibt. Eine Rettungsübung wird kurz vor dem Auslaufen stattfinden, die Öffnungszeiten der verschiedenen Einrichtungen an Bord sind aufgelistet einschließlich die des Hospitals. Außerdem wünschen uns der Kreuzfahrtdirektor, den wir am Eingang schon getroffen haben, und der Kapitän einen schönen Aufenthalt an Bord. „Rate mal, wer unser Kapitän auf der Reise sein wird?" Ich warte aber die Antwort gar nicht ab, sondern setzte gleich hinzu: „Der Kapitän Hansen, den wir schon von der Fernsehserie kennen!" Meine Frau steckt den Kopf vom Balkon in die Kabine und strahlt mich an.

Es ist doch schön, wenn man mit liebgewonnenen Bekannten in Urlaub fahren kann…

Seenot im Hafen

Inzwischen dürften alle Passagiere an Bord sein, denn die Einschiffungszeit ist seit einer halben Stunde vorbei. Nur noch vereinzelt sehen wir Leute über die lange Gangway laufen, meist irgendwelche Angestellte in Overall oder Uniform. Während ich das Treiben im Hafen beobachte, räumt meine liebe Frau schon den ersten Koffer aus. Er gibt nacheinander hauptsächlich Traudls Kleidungsstücke preis, von mir ist nur etwas Wäsche und ein Hemd dabei – eben die ‚Notfallausrüstung‘, falls mal ein Koffer verloren gehen sollte. „Wo ist denn mein langes Kleid?" grübelt sie halblaut nach, und ich rate „Vielleicht im anderen Koffer?" Damit gibt sich meine Gattin erst mal zufrieden, denn auch sie hat ihre Kleidung gut verteilt. Die Toilettenartikel haben wir sowieso in unserem Handkoffer selbst transportiert, denn die haben wir teilweise noch bis zur Abreise zuhause gebraucht.

Plötzlich ein Knacken aus dem Lautsprecher, und eine Stimme bittet um unsere Aufmerksamkeit. „In fünf Minuten findet die vorgeschriebene Rettungsübung statt!" Alle Passagiere seien verpflichtet, daran teilzunehmen, und wir müssen mit Rettungsweste bewaffnet zu unserem Sammelpunkt kommen, sobald die sieben kurzen Sirenentöne zu hören sind. „Wo sind denn diese Westen?" frage ich mich selbst, aber meine Frau hat sie schon im Kleiderschrank gefunden. „Und wo sollen wir damit hin?" will nun sie wissen, und ich erhebe mich dann doch mal vom Sofa und studiere die große bebilderte Tafel an der Innenseite unserer Kabinentür. „Unser Sammelpunkt hat den Buchstaben ‚C' und ist in der Atlantik-Show-Lounge! Und unser Rettungsboot hat die Nummer 11." Das sollten wir uns merken, hieß es bei der Durchsage. Während ich gerade einen Blick in unsere Nasszelle werfen will, geht das Geheule auch schon los. Sieben kurze Töne, das ist unser Aufruf!

Wir schnappen uns die Westen, ich schlüpfe wieder in meine Schuhe, die ich bequemlichkeitshalber schon ausgezogen hatte, und will gerade zur Tür hinaus, da fällt mir ein, den kleinen Deckplan mitzunehmen, der bei den Unterlagen dabei war. Vielleicht brauchen wir ihn ja, um unseren Treffpunkt ‚C' zu finden? Auf dem Flur herrscht schon ein leichtes Gedränge. Jeder will wohl der Erste sein, um einen Platz im Rettungsboot zu ergattern! Aber den Plan hätte ich doch nicht benötigt; an jeder Ecke steht ein Schiffsmitglied in Rettungsweste und mit knallgelber Kappe auf dem Kopf und weist den Weg. Nach ein paar Treppen und Fluren, dem Herdentrieb folgend, stehen wir am Eingang der ‚Atlantik-Show-Lounge'. Ein ‚Streifenhörnchen', wie wir seit unserer ersten Schiffsreise die Offiziere mit ihren gestreiften Schulterklappen liebevoll nennen, will die Kabinennummern wissen. Weil er unsere Kabine mit zwei Personen auf seiner Liste findet, dürfen wir eintreten. Man weist uns einen Sitzplatz gleich nach dem Eingang an und wir schauen uns erst mal im Saal um.

Lange Polsterreihen im Viertelkreis sind auf eine große Bühne ausgerichtet, wir sitzen in der hintersten der zehn oder zwölf Reihen. Zwischen jeweils zwei Sitzplätzen steht ein kleines rundes Tischchen, und über uns hängen viele kleine und große Leuchten, Scanner und Beamer. Mittlerweile sind anscheinend alle Mitglieder unserer Rettungsgruppe da, denn ein türkisweißer Herr greift zum Mikrofon und erklärt uns den Gebrauch der Rettungswesten, die die meisten noch zusammengeschnürt in den Händen halten. Jetzt sollen wir sie auch anlegen, und dabei sollen sie richtig fest sitzen. Die Gelbkappen gehen durch die Reihen und überprüfen den richtigen Sitz.

Als dieser Teil der Seenotübung zur Zufriedenheit des Personals abgeschlossen ist, dürfen wir nun wieder aufstehen, sofern wir nicht schon sowieso stehen. Im Gänsemarsch folgen wir nun unserem Anführer mit gelber Mütze und mit der Tafel ‚11‘, immer eine Hand auf der Schulter des Vordermanns oder der Vorderfrau, denn es könnte im Ernstfall ja Nacht sein und der Strom ausfallen. „Würdest du bei absoluter Dunkelheit überhaupt hierher in die Lounge finden?" frage ich zweifelnd meine Frau, die vor mir hergeht. Nur ein Achselzucken verrät mir, dass sie das wohl auch für unwahrscheinlich hält. Über Treppen und einen kurzen Gang werden wir auf das Saturndeck geführt und dort zu einem der nächstliegenden Rettungsboote, die nun über uns schweben. Und tatsächlich stehen wir jetzt genau unter dem Boot Numero 11, wie auf dem Plan in der

Kabine ausgewiesen. In Viererreihen stellen wir uns nach Anweisung auf und warten. Und warten weiter.

Schließlich entsteht etwas Bewegung auf dem Saturndeck. Nicht lange, dann sehen wir, wie sich der Kapitän in Begleitung eines Streifenhörnchens unserer Truppe nähert, aber zunächst bei der Gruppe rechts von uns stehenbleibt und die Gurte der Rettungsweste eines korpulenten Mannes überprüft und straffer zieht. Endlich bei uns, lässt er seinen Blick über die vordere Reihe schweifen und meint zu einer Dame „Flipflops sin nix gut für Rettungsboot!" Die Betroffene weiß daraufhin wohl nicht so recht, ob sie nun lachen soll wegen der netten Grammatik des Kapitäns oder ob sie schamhaft im Boden versinken soll. Nach dieser Ermahnung bedankt sich das Schiffsoberhaupt für die Teilnahme und entlässt uns wieder in unsere Kabinen. Die Übung ist vorbei!

„Den Weg von der Kabine zur Show-Lounge sollten wir uns gut einprägen!" stellt meine Frau richtigerweise fest. Aber das wird sich in den nächsten Tagen sicher von selbst ergeben.

Außerdem habe ich nicht vor, in einen Ernstfall zu geraten!

Leinen los

Da das Abendessen laut Tagesprogramm erst für 20 Uhr angesetzt ist, packen wir nun erst einmal unsere Koffer aus und füllen die vorhandenen Schränke und Schubladen. Mit meinem Waschbeutel wandere ich in unser Bad und bin von seiner Größe und Ausstattung überrascht. Auf unserer letzten Reise hatte die Nasszelle höchstens die halbe Grundfläche. Außerdem ist dies wirklich ein schmuckes kleines Badezimmer mit holzähnlicher Verkleidung, einem großen Eck-Spiegelschrank und einer mit Glasscheibe abgeteilten Dusche; und natürlich einer Schiffstoilette mit dem üblichen Absaugsystem.

Kurz vor der Essenszeit sollen wir ablegen, steht auch im Programm. „Willst du auch beim Ablegen zuschauen?" frage ich meine bessere Hälfte. „Klar, was glaubst du denn!" kommt die bestimmte Antwort. Wir schnappen uns die Bordausweise und jeder eine Jacke, und versuchen nun den Weg auf das Saturndeck zu finden, den wir vorhin im Rahmen der Seenotübung auch gegangen sind. Auf halber Strecke werfen wir zur Kontrolle einen Blick auf den großen Lageplan, der in jedem Treppenhaus an der Wand hängt. „Halt, wir sind schon ein Deck zu tief!" muss ich feststellen. Also kehrt und wieder eine Treppe nach oben. Gleich neben dem Absatz führt tatsächlich eine schwere Tür aufs Außendeck.

Allerdings sind wir nicht die Einzigen, die diese Idee hatten. Die gesamte Reling ist bereits von Neugierigen bevölkert, so dass fast nirgends eine Lücke ist. „Da geh ich lieber auf das Sonnendeck – da ist sicher mehr Platz!" schlage ich vor, und wende mich wieder zur Tür. Traudl folgt mir kommentarlos, und wir fahren mit dem Lift in das oberste Geschoß. Und wirklich, hier sind nicht halb so viele Menschen wie auf dem Saturndeck!

Wir arbeiten uns weiter nach vorne, an einem Fitnessraum vorbei, dessen Geräte verwaist hinter großen Glasscheiben stehen und lassen auch einen Pool mit annehmbarer Größe rechts von uns liegen. An der Backbord-Reling werfen wir einen Blick hinab. Die Gangway ist schon zurückgefahren, und direkt unter uns steht der Kapitän und ein anderes Streifenhörnchen auf der Nock und reden miteinander. Zwischendurch spricht der Nichtkapitän in sein Funkgerät, und auf der Pier entsteht Bewegung. Mehrere Hafenarbeiter sind nun damit beschäftigt, die schweren Festmacher loszuwerfen. Zwischen Schiffsrumpf und Kaimauer wirbelt das Wasser auf, und wir bewegen uns langsam, Zentimeter für Zentimeter, vom Ufer weg. Wir sind unterwegs!

Der Kapitän betätigt ein paar Hebel an seinem Außensteuerpult, und kaum merkbar setzt sich die Artania nun auch vorwärts in Bewegung, aber nicht ohne einem dreifachen Tuten mit dem Schiffshorn. „Was kommt denn da angeflogen?" fragt mich meine Frau und deutet auf etwas, das hinter den Bäumen immer weiter in den Himmel schwebt.

„Heißluftballon." stelle ich zweifelsfrei fest, denn inzwischen können wir auch das intervallweise Gasgeben hören. Der Ballon hat die Form eines dicken, ja fast kugelrunden Monteurs in Latzhose und treibt genau über die Förde, so dass wir in wenigen Minuten unter ihm hindurchfahren werden. Ob die Ballonbesatzung die Aufgabe hat, unsere Ausfahrt zu dokumentieren?

„Du, die anderen Leute sind schon fast alle weg!" stellt meine Gattin fest, und „Ich glaube, es ist Zeit fürs Abendessen." Ja, es ist bereits kurz vor 20 Uhr, also nichts wie hinunter zu den Restaurants. Ein Blick auf den Deckplan verrät uns, dass es zwei Lokale für die allgemeine Verköstigung gibt, eins auf dem untersten für Passagiere zugänglichen Neptundeck, über das wir auch das Schiff betreten haben, und eins ein Deck höher. Laut Schiffsbeschreibung haben wir freie Tischwahl und freie Tischzeiten (in bestimmten Grenzen natürlich). Da wir auf dem obersten Deck sind, fahren wir ganz nach unten. „Damit es sich lohnt!" ist meine spontane Begründung.

Wir betreten das Restaurant ‚Vier Jahreszeiten' und werden gleich darauf hingewiesen, dass wir doch bitte unsere Hände desinfizieren sollen; die Geräte dazu sind an der Wand neben der Tür angebracht. Danach dürfen wir weitergehen und finden sogar noch zwei Plätze in der Nähe eines Fensters, jetzt aber auf der Steuerbordseite. Wir schauen so fasziniert hinaus, dass wir zunächst den Ober gar nicht bemerken, der uns die Karte reichen will. Wir nehmen aber dann die angebotenen Menükarten und staunen erst einmal. Da gibt es drei Vorspeisen, zwei Suppen, zwei Zwischengerichte, drei Hauptspeisen und vier Desserts zur Auswahl. Und auf der anderen Seite wird auch noch ein weiterer vegetarischer Hauptgang angeboten. Für Entscheidungsunfreudige gibt es auch noch eine ‚Empfehlung des Küchenchefs' aus den aufgeführten Gerichten.

Während meiner Überlegung, ob ich vielleicht einen der Gänge auslassen soll, sehe ich draußen einen kleinen Containerhafen vorbeiziehen. „Den Suppengang werde ich wohl erst einmal auslassen." entscheide ich mich, „Ich warte mal lieber ab, wie groß die Portionen sein werden." Daraufhin will mich Traudl noch übertreffen und teilt dem Ober mit, dass sie nur drei Gänge haben möchte. Als wir wieder einen Blick hinauswerfen können, sehen wir gerade das Marine-Ehrenmal von Laboe im Abendlicht an uns vorbeigleiten.

Schon steht wieder einer der Hausgeister an unserem Tisch, diesmal eine kleine Asiatin mit zwei Karaffen in den Händen: Rotwein und Weißwein bietet sie an, aber wir können auch Saft oder stilles Wasser haben. Oder wir bestellen etwas von der Bar, die Karte liegt auf dem Tisch. Wir bleiben zunächst mal bei den alkoholfreien Angeboten. Draußen wird es langsam dunkel, und das Land zieht sich immer weiter zurück, bis es aus unserem Blickfeld ganz verschwindet.

Wir sind endlich mal wieder auf einer Seereise!

Endloses Meer

Irgendwie hat uns der Reisetag doch angestrengt! Allerdings mehr psychisch als physisch, denn wir saßen die meiste Zeit ja nur im Zug. Aber die Spannung, ob es mit dem Anschluss klappt, ob die Koffer auch ankommen und dann noch die Frage, wie sieht es wohl auf unserem Zuhause für die nächsten Tage aus, hat uns doch etwas Kraft gekostet. An diesem Abend werden wir nicht mehr lange aufbleiben und lassen den Tag deshalb schon beim Abendessen ausklingen.

Inzwischen ist es draußen auch schon so dunkel, dass wir von unserem Restauranttisch aus durch das Fenster nichts mehr erkennen können. Wir verlassen daher bald den Speisesaal, nicht ohne auch noch das Dessert verdrückt zu haben. Ich bin dabei nach der alten Regel ‚Käse schließt den Magen' verfahren, meine Frau hat sich einen Obstteller ausgesucht. Da wir nun von Ebene 2 wieder auf Ebene 7 müssen, entscheiden wir uns für einen Verdauungsspaziergang durch das Treppenhaus, machen aber auf Deck 4 einen Zwischenstopp, denn hier können wir nochmal einen Schritt ins Freie machen. Nur auf dem Saturndeck ist es möglich, einmal außen ganz um das Schiff zu gehen. Wir wenden uns zunächst dem Heck zu, denn in dieser Richtung glauben wir noch viele Lichter sehen zu können. Die Ausbeute ist aber eher mager, nur ein paar Lichtpünktchen können wir entdecken, dafür aber einen regelmäßig aufblinkenden Leuchtturm. „Guck mal nach vorne, da sind auch Lichter zu sehen!" Weckt mich Traudl aus meinem Halbschlaf auf. „Ob das schon eine dänische Insel ist?" Da ich weder Landkarte noch Kompass dabeihabe, und nicht einmal die Sterne eine grobe Orientierung ermöglichen, bleibe ich lieber die Antwort schuldig.

Schließlich schaffen wir es doch noch, den Weg in unsere Kabine zu finden. Die hat sich inzwischen auf wundersame Weise in ein Schlafzimmer verwandelt! Das Sofa wurde zum Bett vergrößert, und die breite Klappe an der anderen Seite ist nun auch zu einem Bett mutiert. Dafür musste das Tischchen unter den Schreibtisch ausweichen. Die Betten sind strahlend weiß bezogen und jeder hat zwei ebensolche Kopfkissen und Bettdecken bekommen. Und auf jedem Kopfteil liegt eine kleine quadratische Tafel Schokolade! Ich springe fast aus meinen Klamotten und mache mich bettfertig. Im Liegen angle ich noch nach der Fernbedienung für den Fernseher und schalte ein. Der Infokanal läuft auf Platz 1, und ich verfolge ihn noch ein paar Minuten. „Das war Fehmarn, was wir vorhin gesehen haben!" kann ich nun endlich ergänzen, denn auf dem Monitor ist eine Karte mit der Position des Schiffs und die Umgebung in verschiedenen Vergrößerungen zu sehen. Die Antwort fällt sparsam aus, nur ein „Aha, gute Nacht!" kommt vom anderen Bett herüber.

~.~

Es scheint schon hell zu sein!? Ich blinzle erst mal vorsichtig, bevor ich schlagartig wieder weiß, wo ich bin.

MS Artania, Kabine 7216, irgendwo in der Ostsee. Ich habe doch tatsächlich durchgeschlafen, obwohl ich in einem fremden Bett liege und dazu auch noch auf einem mehr oder weniger schwankenden Schiff! Ein Blick zur Seite zeigt mir, dass meine Frau auch schon wach ist und im Bett sitzend etwas liest. „Frühstück gibt es bis 10 Uhr im Restaurant und bis 11 Uhr ein Spätaufsteher-Frühstück am Lidodeck!" werde ich gleich mit Informationen überschüttet. „Und jetzt ist es?" will ist mal zur Orientierung wissen, denn meine Uhr liegt zwar neben mir, aber meine Brille ist außer Reichweite. Die Antwort beruhigt mich, selbst im Restaurant habe ich noch zwei Stunden Zeit zum Frühstücken! Sie hält mir einen großen Bogen Papier entgegen und netterweise dazu auch gleich meine Brille. Es ist das Tagesprogramm für heute, das jemand unter der Tür durchgeschoben haben muss, und in der Überschrift steht das Motto des Tages: „Seetag". Klingt nicht gerade aufregend, aber zum Angewöhnen auch nicht schlecht.

Die Morgentoilette ist schnell erledigt, nur mit dem Anziehen habe ich Probleme, denn ich muss erst mal herausfinden, wohin meine liebe Gattin meine Kleidung verstaut hat. Gemeinsam finden wir uns dann aber doch zurecht. So ausgehfertig, verlassen wir die Kabine Richtung Restaurant. „Wollen wir mal das andere Restaurant anschauen?" schlage ich vor, und so trappeln wir die Treppen nur bis zum Deck 3 hinunter, das offiziell ‚Salondeck‘ heißt. Auch hier im Restaurant ‚Artania‘ – was für ein einfallsreicher Name auf der MS Artania – ist die Händedesinfektion vorgeschrieben. Fensterplätze gibt es gerade keine mehr, und so lassen wir uns an einem Tisch mitten im Saal nieder. Das Buffet im Zentrum des Raums ist sehr umfangreich, und Tee gibt es auch in vielen Sorten. Dennoch kommt ein Ober und fragt nach unseren Wünschen, ob wir eventuell ein Omelett, Spiegel- oder Rühreier möchten. Aber zunächst müssen wir mal das Angebot am Buffet erkunden und lehnen daher dankend ab. Es fällt uns schwer, nicht von allen Köstlichkeiten auf einmal zu probieren, und trösten uns damit, dass wir ja noch mehrere Tage auf dem Schiff seien und damit noch reichlich Gelegenheiten zum Frühstücken haben werden.

Nachdem wir eigentlich genügend für den ganzen Tag gegessen haben, wandern wir wieder nach oben. Aber nur bis zum Saturndeck, denn ein Blick nach draußen muss sein! Der Ausblick ist jedoch nicht gerade vielsagend; rechts ist nur Wasser zu sehen, links dagegen Wasser pur. Vor uns nichts als Wasser, aber hinter uns gibt es wenigstens aufgewühltes Wasser. Unser Kielwasser verläuft kerzengerade und ist bis zum Horizont zu verfolgen. „Lass uns in die Kabine gehen und das Tagesprogramm studieren! Vielleicht gibt es heute ja auch noch etwas anderes als Wasser!" schlage ich vor, leicht enttäuscht von der ‚phänomenalen' Aussicht. „Zum Glück kommt wenigstens kein Wasser von oben." tröstet mich meine Frau.

Ein Vormittag auf See

„Heute ist ja nichts los!" mit dieser Feststellung lasse ich mich auf mein Bett fallen. Dabei weiß ich gar nicht so recht, ob ich über eine ausgiebige Erholung froh sein soll oder eher einem langweiligen Tag entgegensehe. „Wirf halt mal einen Blick ins Tagesprogramm, vielleicht findest du da eine Anregung!" erinnert mich Traudl und interpretiert meine Frage wohl als „Was machen wir jetzt?" Dabei will ich erst mal das ausgiebige Frühstück verdauen. Weil sie mir aber die Agenda für heute schon mal vor die Nase hält, greife ich zu und studiere sie. ‚Frühsport mit Angelika' ist zum Glück schon längst vorbei. Die ‚heiße Boullion' gibt es um 11 Uhr, das dauert noch etwas. ‚Tischtennisturnier' ist für 10 Uhr angesagt; da könnte man ja mal vorbeischauen! Ein ‚Vortrag über die Ostsee' um 10 Uhr 30 in der Artania-Show-Longe könnte auch interessant sein. Also schnappe ich mir mein Kopfkissen und setzt mich erst mal auf unseren Balkon. Obwohl es Sommer ist, wird es auf dem Balkon doch ziemlich frisch; nicht zuletzt wegen des Fahrtwindes. Die Sonne kann ich nicht sehen, denn die ist gerade auf der Steuerbordseite, sofern sie überhaupt durch die Dunstschicht über uns scheinen kann. „Warum haben wir uns eigentlich eine Backbordkabine ausgesucht? Da haben wir ja gar keine Sonne!" versuche ich eine Konversation mit meiner Frau zu beginnen. „Hast du doch selbst so haben wollen, weil wir die Häfen im Uhrzeigersinn abklappern und du gemeint hast, da würden wir mehr vom Land sehen." Tja, da hat sie recht, aber dass wir so weit vom nächsten Land entfernt herumschippern, das habe ich ja nicht ahnen können. Bevor ich noch mehr dumme Fragen stelle, bin ich lieber erst mal ruhig.

Nach einiger Zeit tritt Traudl neben mich: „Was ist jetzt mit Tischtennis?" Ich rapple mich aus dem Stuhl auf und signalisiere ihr, dass ich jetzt zu einem Ausflug bereit bin. Da wir ziemlich weit vorne unsere Kabine haben, gehen wir erst mal wieder ganz nach oben und verschaffen uns einen besseren Rundumblick. Es bleibt dabei: Wasser in allen Richtungen. Nein – eine Sensation: etwas links voraus ist in der Ferne ein anderes Schiff zu entdecken. Es könnte ein Containerschiff sein, und es kommt uns entgegen. Nach ein paar Minuten ist klar, es sind unzählige bunte Container auf dem Dampfer, der in respektvollem Abstand an uns vorbeifährt.

„Hast du gesehen? Im Fitnessraum ist wieder niemand zugange!" bemerke ich meiner Frau gegenüber. „Dann lass uns doch mal reinschauen!" erwidert sie prompt. Das habe ich jetzt davon, warum muss ich auch so blöd fragen! Wir umrunden einmal das Fitnesscenter und finden schließlich auch den Zugang, der aber nur von innen möglich ist. Da stehen einige Trimmräder, Crosstrainer, Laufbänder und andere muskelstrapazierende Gerätschaften. „Die sind wohl noch nicht viel benutzt worden!" stellt meine Gattin fest, denn die Maschinen sehen noch recht neu aus. Ich schwinge mich auf einen Crosstrainer und studiere die um-

fangreiche Folientastatur vor mir. Nach ein paar Tasten-
drücken habe ich wohl eine erlaubte Einstellung gefunden,
denn es erscheint die Aufforderung ‚Beginnen Sie mit dem
Training!‘ Nach ein paar Minuten habe ich mich davon
überzeugt, dass der Apparat funktioniert, und steige wieder von diesem Foltergerät herunter. Traudl, die an einem
Gerät zur Stärkung der Oberarmmuskulatur sitzt, meint
mit leicht spöttischem Unterton: „Schon fertig?" Ohne
Antwort schnappe mir das Desinfektionsspray auf dem
Tischchen und beseitige alle meine Fingerabdrücke vom
Crosstrainer. Zwangläufig hört auch meine bessere Hälfte
mit dem Training auf und wir fahren nun fort, die Tischtennisplatten zu suchen. Dabei klettern wir die Treppen am
Heck des Schiffes nach unten und entdecken nun schon
wieder Trainingsgeräte, diesmal aber im Freien. Mit dem
Blick auf unsere Kielwellen und sogar mit etwas Sonne im
Gesicht strampeln wir nochmal eine ‚Runde‘. Das macht
sogar mehr Spaß als im Fitnessraum; man hat fast das Ge-
fühl, damit auch den Antrieb des Schiffs zu unterstützen.

Weil wir die wärmenden Strahlen genießen, folgen wir der
Treppe weiter nach unten und kommen genau zu – nein,
nicht der Tischtennisplatte – dem Suppenausschank, der
für 11 Uhr angekündigt war. Es gibt wirklich eine starke
Brühe mit diversen Einlagen nach Wunsch, einschließlich
diverser alkoholischer Anreicherungen. Wir nehmen uns
jeder eine Tasse voll Bouillon und setzen uns auf einen
Barhocker an der hintersten Reling und schauen in das auf-
gewühlte Wasser unter uns.

Tatsächlich, es ist schon 11 Uhr und damit das Tischtennisturnier sicher schon vorbei. Langsam heißt es, sich auf das Mittagessen vorzubereiten. „So kann das aber nicht weitergehen – nur Schlafen und Essen!" stellt meine Frau fest. „Aber wir haben doch auch Sport getrieben!" wende ich ein, ernte aber nur ein müdes Lächeln. „Was hältst du von einem Gang ans Salatbuffet in der Lido-Bar statt einem ausgiebigen Mittagessen?" biete ich als Ausgleich an und bekomme glatt einen Kuss für diesen guten Vorschlag. „Dafür könnten wir bis zum Essen in die Schiffsboutique gehen; nur mal so zum Schauen!" bekomme ich als Vorschlag serviert. Auch gut, vielleicht finden wir ja schon am ersten Tag ein brauchbares Mitbringsel für unseren gestrigen Chauffeur und seine Frau.

Der Besuch in der Schiffsboutique ist kurz, sehr kurz. ‚14:00 – 18:00' steht auf einem kleinen Schild an der verschlossenen Tür. Stattdessen gehen wir nochmal in unsere Kabine und, siehe da, die hat sich teilweise wieder in ein Wohnzimmer verwandelt! Das Tagesprogramm liegt noch auf dem Schreibtisch, aber es hat sich ein Kuvert dazugesellt. „Mach auf!" fordert mich Traudl auf, als ob sie es sich selbst nicht trauen würde. „Es sind die Ausflugskarten für die nächsten Häfen!" stelle ich fest. Mariehamn, Drottningholm und Helsinki, jeweils zweimal und so wie zwei Monate vorher online gebucht. „Vor dem Essen muss ich mich erst mal etwas ausruhen." meine ich. „Wovon denn?" kommt sofort die Antwort.

oben: Mariehamn   unten: Stockholm, Schloss Drottningholm

oben: Stockholm, in den Schären   unten: Turku, Fluss Aurajoki

links: Helsinki, Dom   rechts: Helsinki, Bahnhofsturm
unten: Helsinki, Felsenkirche

oben: St.Petersburg, das Wetter   unten: St.Petersburg, Blutkirch

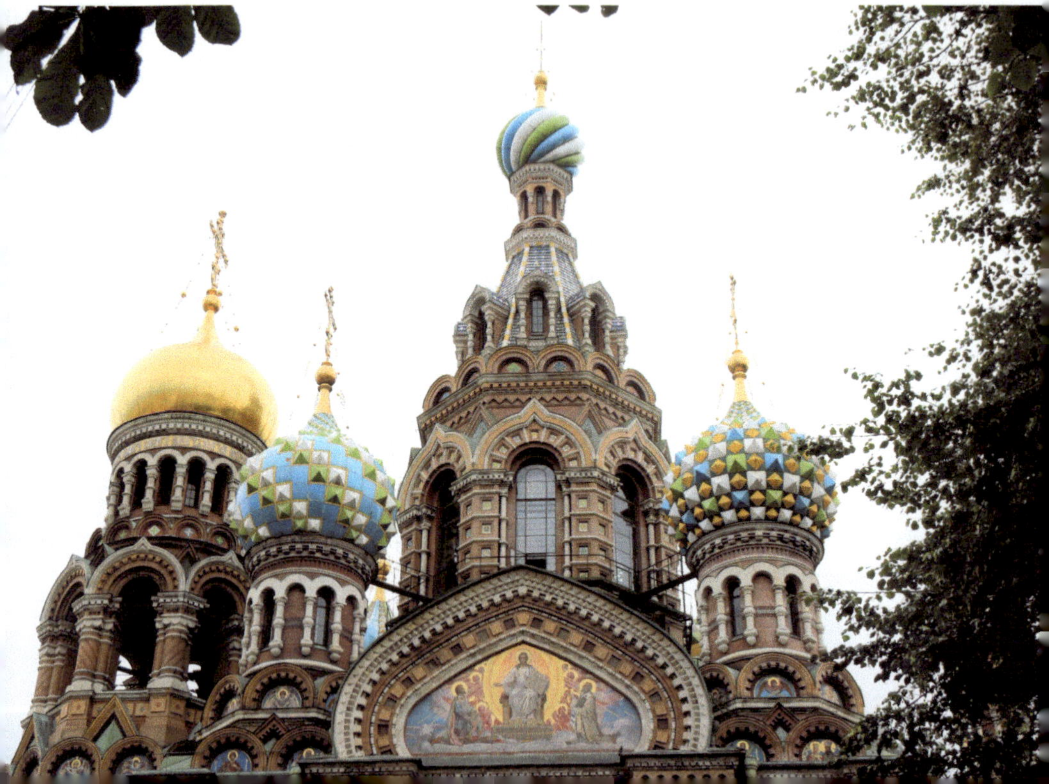

Der große Empfang

Unser Mittagessen an der Lido-Bar ist keinesfalls mager, denn der Küchenchef hat vor dem Salatbuffet Terrinen mit zweierlei Suppen aufgebaut, an denen wir eben nicht vorbeigekommen sind. Aber jetzt wird das Salatbuffet geplündert! Nachdem der große Speiseteller gut gefüllt ist, stehen wir vor den diversen Töpfen mit Salatsoßen. „Nimmst du die Soße mit Knoblauch?" fragt meine Frau vorsichtshalber, denn bei uns gibt es ein ungeschriebenes Gesetzt, dass zwar gerne Knoblauch gegessen wird, aber nur, wenn wir es auch beide machen. Wir könnten uns in der Kabine auch kaum aus dem Weg gehen. Zum Abschluss des Essens ist dann auch noch ein kleines Stückchen Kuchen drin. Das alles verdrücken wir auf der großen Terrasse vor der Lido-Bar in einer windstillen Ecke und beobachten wieder mal unser schnurgerades Kielwasser.

Das Nachmittagsprogramm beginnt mit dem zweiten Versuch, die Schiffsboutique zu inspizieren; diesmal mit Erfolg. Die Hälfte des Ladens nimmt eine bunte Auswahl an Kleidung ein, allerdings alles maritim angehaucht. Wie in jedem guten Geschäft gibt es auch hier einige Ständer mit der Aufschrift ‚Sonderpreis' oder ‚Angebot'. „Ist das wirklich billiger?" will ich von meiner Gattin wissen, die sich in solchen Dingen wesentlich besser auskennt als ich. Nach einem kurzen Blick auf den Sonderständer ist sie aber unschlüssig, denn die angebotenen Marken sind ihr unbekannt und sie meint schließlich „Wenn mein Koffer verloren gegangen wäre, dann wäre ich sicher froh über das Angebot gewesen." Also doch keine Schnäppchen! Neben Düften und Schnäpsen der großen Marken und gibt es auch diverse Toilettenartikel, etwas Schmuck und Süßigkeiten. „Brauchst du noch was für den Empfang heute Abend?" versuche ich, meine Frau doch noch zu einem Wunsch zu bewegen. Aber wie meistens erhalte ich nur ein „Nein, ich habe doch alles dabei was ich brauche!"

Ohne einen Einkauf ziehen wir uns wieder in die Kabine zurück und studieren gemeinsam das Tagesprogramm. Das Willkommens-Dinner beginnt um 19 Uhr, aber eine Stunde davor besteht die Möglichkeit, dem Kapitän die Hand zu schütteln, mit ihm ein Gläschen Sekt zu trinken und die Verantwortlichen an Bord kennenzulernen. Bekleidungsempfehlung: Abendgarderobe. „Soll ich dazu mein langes blaues oder kurzes rotes Kleid anziehen?" grübelt Traudl schon jetzt, drei Stunden vor dem Termin, über die Kleidungsfrage nach. Ich mache mir da keine großen Gedanken, ich habe nur einen Anzug dabei, höchstens die passende Krawatte muss noch entschieden werden. Das mache ich dann aber spontan, was soviel heißt wie: ‚Ich frage dann einfach meine Frau!'.

„Wollen wir inzwischen nochmal einen Anlauf in Sachen Tischtennis unternehmen?" versuche ich meine Kabinenmitbewohnerin auf andere Gedanken zu bringen. Und das funktioniert auch. Im Deckplan schauen wir diesmal vorher nach, wo denn das Sportdeck ist, und lokalisieren es auf Deck 6, dem Apollodeck. „Ein Deck unter uns am Heck." Inzwischen kennen wir uns gut genug aus, um uns nicht zu verlaufen. Auf unserem Deck 7 wandern wir fast die gesamte Schiffslänge nach hinten und dort ins Freie auf das Sonnendeck. Dann eine Treppe tiefer und wir sind da. Und zwei Tischtennisplatten ebenfalls, die nur auf uns warten. Einem Kästchen an der Wand entnehmen wir Schläger und einen Ball und müssen aber schon bei den ersten Schlägen feststellen, dass wir doch schon eine ganze Weile nicht mehr gespielt haben. Nicht nur einmal müssen wir dem Ball nachlaufen, der sich auch gerne über die Treppe nach unten davonmacht und so ganz unbeteiligte Gäste in unser Spiel mit einbezieht.

Nach einer Stunde geben wir schließlich auf, denn Traudl will sich nun für den Empfang vorbereiten. Wieder in der Kabine, lasse ich mich erst einmal auf das Sofa fallen und zappe durch das Fernsehangebot, während meine Frau im Bad verschwindet und längere Zeit nicht mehr auftaucht. Aha, sie hat sich für das lange Blaue entschieden. „Ist das Kleid nicht zu lang, du trittst ja fast darauf?!" stelle ich fragend fest, als sie schließlich wieder perfekt aufgemöbelt aus dem Nassbereich herauskommt. Mit „Warte, bis ich meine Schuhe anhabe!" werden meine Bedenken weggewischt.

Es ist halb 6, langsam sollte ich mich auch mal auf den Kapitänsempfang vorbereiten. „Beeil dich etwas, ich will nicht ganz hinten in der Schlange stehen!" werde ich noch zusätzlich angespornt. Also gut, dann gehe ich nun auch ins Bad und bringe mich auf Hochglanz. Hemd, Krawatte und Anzug sind schnell angezogen, und wir können rechtzeitig Richtung Artania-Show-Lounge ablegen.

Auf der Treppe gibt es schon einen Stau. Anscheinend wollen alle Gäste dem Kapitän ‚Guten Abend' sagen, denn wir sind geschätzt als Dreißigste in der Reihe. Das Defilee ist aber schon im Gange, auch wenn es noch nicht 6 Uhr geschlagen hat. Zehn Minuten später stehen wir in den Startlöchern, denn eine türkisweiße Dame im Galakostüm steuert den Zutritt zur ‚Bühne', denn der Eingangsbereich ist mit einer großen Fotowand auf einer Seite und je einem Fotografen und Videofilmer auf der anderen speziell für dieses Ereignis ausgestattet worden. Vor der großen Tapete steht der Kapitän in seiner Galauniform und lächelt zwei Damen an, die vermutlich die Reise zusammen unternehmen. Nach ein paar freundlichen Worten werden die Damen weitergeschickt, denn nur ein paar Meter Richtung Show-Lounge steht auch der Kreuzfahrtdirektor vor einem ähnlichen Setup und begrüßt seinerseits die Passagiere. Da der Kapitän nun wieder frei ist, dürfen wir zu ihm vortreten. „Willkommen an Bord – bitte lächeln Sie in die Kamera – eine schöne Reise!" Diesen Satz muss der Arme nun sicher ein paar hundert Male sagen, und schon sind wir auf dem Weg zur nächsten Fotostation. Mit „Schön, Sie an Bord zu haben!" und mit leicht hessischem Akzent schickt uns auch der Kreuzfahrtdirektor weiter. Nun dürfen wir auch zum Sektglas greifen und uns in der Lounge ein schönes Plätzchen suchen, von wo aus wir die Bühne gut überblicken können. Nach geraumer Zeit – inzwischen werden Häppchen gereicht und auf Wunsch nachgeschenkt – sind wohl alle Händeschüttler im Saal, denn es ertönt Musik aus den Lautsprechern und links von uns ziehen alle türkisweißen Reiseleiter hintereinander in die Lounge ein. Auf der anderen Seite marschieren lauter weißgekleidete Streifenhörnchen ein, allen voran der Kapitän. Sie treffen sich alle vor dem Bühnenvorhang, und der Kapitän ergreift das Wort. Der Reihe nach stellt er die anderen Gestreiften vor und warnt zum Schluss vor einem der Mitarbeiter, der für das Schrumpfen der Kleidung während der Reise zuständig ist, dem Oberchefkoch. Auch die Reiseleiter mit ihren unterschiedlichen Funktionen werden vorgestellt, diese aber vom Kreuzfahrtdirektor. Nach einem Toast auf die schöne Reise, den die Verantwortlichen vermutlich nur mit Apfelschorle in ihren Sektgläsern ausbringen, marschieren alle Offiziellen wieder unter Marschmusik aus dem Saal.

Wir folgen ihnen, wie die anderen Reisegäste, denn es wird schon Zeit für das Willkommens-Dinner. „Was gibt es denn da besonderes?" überlegen wir, und suchen uns im Artania-Restaurant einen kleinen Tisch aus. Ein Blick auf die Karte verrät uns den Unterschied: Statt der gestrigen fünf Gänge werden heute sechs angeboten. Und die Auswahl der Speisen beinhaltet den einen oder anderen Leckerbissen, den es vermutlich nicht jeden Tag gibt. Wir lassen es uns jedenfalls köstlich schmecken und kommen zu dem Schluss, dass auch ein Seetag seine Highlights hat.

Fremdes Land

Nach dem umfangreichen Mahl, das auch bei uns wieder größer ausgefallen ist als geplant, drängt sich alles wieder zurück in die Atlantik-Show-Lounge. Für heute ist die Vorstellung aller Künstler angekündigt, die uns auf der Reise abwechselnd Abend für Abend unterhalten werden. „Nicht so weit vorne!" bittet meine Gattin, als ich in der ersten Reihe noch zwei freie Plätze erblicke und darauf zusteuere. Stimmt ja, Traudl hat immer die Befürchtung, dass jeder in der ersten Reihe mal zum Mitmachen aufgefordert werden könnte! Ich schau mich daraufhin nochmal im Saal um und entdecke noch ein paar Plätze im seitlichen Bereich. Mit diesem Angebot ist meine Frau einverstanden, und wir quetschen uns zwischen den bereits Sitzenden hindurch. Ein Ober kommt und fragt uns, ob wir etwas zum Trinken bestellen möchten. Wir werfen einen kurzen Blick in die Karte, die neben uns auf einem Tischchen liegt und ordern ein Campari-Orange und ein Pils.

Kaum ist der Kellner verschwunden, beginnt auch schon die Show mit starken Musik- und Soundeffekten. Bei dieser Gelegenheit lernen wir die sechsköpfige Tanzgruppe kennen, ebenso eine Solistin an der Harfe und den Lektor, der immer wieder Vorträge rund um die Ostsee anbietet. Eine kleine Combo begleitet die Auftritte mit Livemusik. Das Ganze wird von einem hochgewachsenen Mann moderiert, der sich auch noch als witziger Zauberer herausstellt. Während der ersten Darbietung sucht der Lichtkegel einer Taschenlampe unseren Platz. Ihm folgt der Ober mit unseren Getränken, die wir gegen Kabinennummer und Unterschrift auf das Tischchen serviert bekommen.

Der bunte Abend wird vom Zauber-Moderator mit einem augenzwinkernden ‚Guten Nacht' beendet und wir diskutieren auf dem Rückweg in die Kabine, welche der Shows wir in den nächsten Tagen ansehen wollen. Es ist spät geworden, und wir fallen schnell in unsere Betten.

~.~

Auch heute werde ich wieder von der Helligkeit in der Kabine geweckt. Die Vorhänge schlucken zwar etwas Licht, aber so dicht wie unsere Rollläden zuhause sind sie eben doch nicht. Der Blick vom Balkon aus lässt uns bereits unser erstes Ziel der Reise erkennen. Die uns bisher total unbekannte Welt der Åland-Inseln liegt schon vor uns. Nur 20 Minuten später verfolgen wir durch die Fenster des Frühstücksraums, wie unsere Artania zwischen vielen kleinen Inseln hindurchsteuert. Heute muss ein kleines Frühstück ausreichen, denn wir wollen auf keinen Fall die erste Einfahrt in einen Hafen verpassen.

„Gehen wir zu der Aussichtsplattform auf dem Saturndeck? Da können wir am besten sehen, wohin wir fahren!" liefere ich zu meinem Vorschlag auch gleich die Begründung mit hinzu. Auf dem Saturndeck ist der Umgang rund um das Schiff, und am Bug ist eine große Aussichtsterrasse mit gutem Rundumblick. Als wir dort ankommen, liegt direkt vor uns ein kleiner Ort; zwar ohne Hafen, dafür aber mit einer langen Kaimauer und zwei Rampen für Fähren. Und da liegt auch schon ein Schiff, aber kein Dampfer, sondern ein großes Segelschiff. Als wir uns der Pier nähern, merken wir, dass die Artania zu einer Wende ansetzt und mit der Backbordseite anlegen will. „Wenn wir nach hinten gehen, können wir den Segler besser sehen!" Damit hat meine Frau natürlich recht, und wir gehen flott auf dem Umgang zum Heck. Unten stehen schon zwei Arbeiter und warten darauf, die Leinen an den Pollern festzumachen.

„Wann geht unser Ausflug los?" Ich schlage vor, in die Kabine zu gehen und vorsichtshalber nochmal auf die Ausflugstickets zu schauen. Gesagt, getan. Um 10 Uhr soll der Ausflug ‚Mariehamn, Rundfahrt mit Stadtführung' losgehen. Da wir noch genügend Zeit haben, lese ich schon mal im Reiseführer nach, was er hier zu sehen gibt. „Die Åland-Inseln gehören zwar politisch zu Finnland, es wird jedoch hauptsächlich schwedisch gesprochen!" berichte ich Traudl in Kurzfassung, und „Mariehamn hat für den Warenverkehr zollrechtliche Vorteile, da es außerhalb der EU-Zone liegt und so zollfrei bestimmte Waren importieren kann."

Pünktlich finden wir uns in der Show-Lounge ein, denn das soll der Treffpunkt für unseren Ausflug sein. Zusammen mit etwa 40 anderen Passagieren werden wir zum

Neptundeck geführt und von dort über eine Rampe auf die Pier. Einem Täfelchen mit der Zahl ‚1' folgen wir brav durch das schmale Hafengelände auf die Straße. Meinen Fotoapparat habe ich selbstverständlich dabei, aber die geschlossene graue Bewölkung reizt erst mal nicht, ihn aus der Tasche zu holen; vielleicht reißt der Himmel ja noch etwas auf. Aber wenigstens regnet es nicht!

Als alle Ausflügler den Sammelplatz erreicht haben, beginnt unsere türkisweiße Anführerin mit einigen Erläuterungen zu den Åland-Inseln; im Wesentlichen ist es genau das, was ich vorhin im Reiseführer gelesen habe. Als erstes wollen wir das Segelschiff besichtigen. Die ‚Pommern' ist ein Schwesterschiff der ‚Passat', die in Travemünde als Museumsschiff liegt. Hier können wir hautnah miterleben, wie beengt und ganz ohne Luxus die Mannschaft monatelang auf diesem Seelenverkäufer leben musste. Dabei segelte die Pommern Anfang der 30er-Jahre mehrmals von Europa aus rund um Kap Hoorn an der Südspitze Amerikas und durch den Südpazifik bis nach Australien und mit Weizen beladen wieder zurück.

Aber dann geht es auf eine kleine Anhöhe, auf der so etwas wie ein Maibaum steht: Ein hoher Mast, an dem in verschiedenen Höhen Querbalken angebracht sind, und an deren Enden hängen bunte Kronen in blau, rot und gelb oder weiß. Wir erfahren, dass dieser sogenannte ‚Midsommarstång' zum Mittsommerfest als Zentrum für die Tänze und andere Aktivitäten dient. Weiter geht es durch eine breite Allee, quasi die Hauptstraße von Mariehamn. Unsere Reiseleiterin erzählt dabei immer wieder von berühmten Leuten, die mal dieses Fleckchen Erde besucht haben, von denen wir zu unserer Schande aber niemanden kennen. Die Künstlerin Amanda Chanfreau sei weit über die Grenzen Ålands hinaus bekannt, denn sie entwarf unter anderem auch Briefmarken. Na ja, früher habe ich auch mal Briefmarken gesammelt, aber so weit hatte ich mich nie in dieses Metier vertieft.

Eine nette Kirche mit langem, spitzen Kirchturm und ein Parlamentsgebäude, das mit weißem Marmor verkleidet ist, locken dann doch zum Fotografieren. An einem großen belebten Platz mit einem Seemannsdenkmal in der Mitte sollen wir auf einen Bus warten, der uns zu einem kleinen Ausflug über das Land und dann wieder zum Schiff zurückbringen wird. Meine Frau lässt sich aber von einem kleinen Laden am Rand des Platzes anlocken in der Hoffnung, vielleicht eine Postkarte zu ergattern. Der Bus kommt. Meine Frau kommt nicht! Während die letzten Mitreisenden einsteigen und ich noch immer draußen stehe, kommt sie doch noch angespurtet – mit einer Ansichtskarte in der Hand. „Der Verkäufer wollte zuerst meine EC-Karte nicht! Aber dann ist mir gerade noch eingefallen, dass in Finnland ja der Euro gilt, und dann konnte ich sie natürlich doch noch bezahlen!" Tja, warum umständlich, wenn es auch einfach geht!

Unsere Rundfahrt mit dem Bus bringt uns über mehrere Brücken von Insel zu Insel und endet schließlich auf einem

Hügel, von dem wir einen guten Überblick über die Schären und sogar zur Pommern und zur Artania haben. Da die Wolken jetzt auch etwas blau durchscheinen lassen, bietet sich das Panorama für einige Aufnahmen an.

Der Omnibus bringt uns daraufhin zurück an den Hafen, von wo die meisten Gäste sofort wieder aufs Schiff zurückeilen. „Gehen wir noch ein Stückchen am Ufer entlang?" erfahrungsgemäß ist das keine Frage, sondern eher eine Aufforderung meiner Frau an mich. „Wir haben noch 20 Minuten bis zum Mittagessen!" gebe ich zu bedenken, aber Traudl möchte die Zeit lieber an Land verbringen. „Am Lido-Buffet bekommen wir auch später noch was!" ist ihre unschlagbare Argumentation.

Und es hat sich direkt noch gelohnt, ein paar Meter weiter zu gehen. Wir stehen in einem kleinen Sporthafen und bestaunen die vielen winzigen Holzhüttchen am Wasser, jedes in einer anderen Farbe gestrichen. Und ein Nummernschild an einem Auto mit unserem Namen drauf! Auch das wird fotografiert.

Aber dann geht es zurück an Bord. In einer knappen Stunde soll die Artania wieder auslaufen!

Der erste Sonnenuntergang

Nach dem Ausflug zieht es uns direkt zum Lidodeck und dem Buffet. An einem schönen Fensterplatz lassen wir es uns schmecken und blicken dabei nochmal auf Teile von Mariehamn. „Eigentlich hatten wir bisher mit Åland nicht sehr viel versäumt." resümiert meine Gattin. Ich kann dem nur zustimmen: „Aber die Landschaft mit den vielen kleinen und mittelgroßen Inseln ist ja ganz nett. Am interessantesten fand ich die Pommern." Als wir beim Nachtisch sind, hören wir wieder das dreimalige Tuten des Schiffshorns. Aha, es geht weiter! Unsere Artania setzt sich gemächlich wieder in Bewegung und sucht ihren Weg zwischen den Schären hindurch Richtung Westen, also gen Schweden. Stockholm ist unser nächstes Ziel morgen Früh.

Inzwischen haben sich die meisten Wolken verzogen, und auf unseren Balkon scheint einladend die Sonne. „Wenn du dich nicht gerade ganz vorne ans Geländer stellst, ist es sogar richtig warm hier draußen." Damit lockt mich Traudl auf unseren privaten Außenbereich. Vorsichtshalber nehme ich noch eine Wolldecke aus dem Schrank mit, stelle aber bald fest, dass das gar nicht nötig gewesen wäre. Wir setzen uns beide in die Sonne und schmökern in unseren mitgebrachten Zeitschriften oder schlagen abwechselnd im Reiseführer schon mal den Abschnitt über Schweden nach. Im Tagesprogramm wird um 16 Uhr ein

Vortrag über Stockholm angeboten, und den nehmen wir uns heute ernsthaft vor.

Als es soweit ist, pilgern wir mal wieder in die Show-Lounge. Den Weg kennen wir inzwischen auswendig und schauen schon gar nicht mehr auf den Deckplan. Bis auf ein paar wenige Interessierte ist der Saal nahezu leer, nur neben der Bühne ist ein kleiner Stehtisch aufgestellt und an ihm blättert der Lektor, der uns gestern Abend vorgestellt wurde, in seinen Unterlagen. Zwischendurch schaut er immer wieder auf seine Uhr, bis er schließlich jemandem hinter uns ein Zeichen gibt. Die Jalousien werden daraufhin wie von Geisterhand heruntergelassen, und ein an der Decke montierter Beamer wirft das Foto einer Luftaufnahme von Stockholm auf eine Leinwand, die sich vor dem Bühnenvorhang abrollt. Der folgende Vortrag ist recht interessant, teils geschichtlich, aber auch das moderne Stockholm wird dargestellt. Natürlich kommen auch die touristischen Höhepunkte nicht zu kurz, und so wird neben der Altstadt ‚Gamla Stan‘, dem Schärengarten und dem Vergnügungszentrum ‚Gröna Lund‘ auch Schloss ‚Drottningholm‘ vorgestellt, das wir morgen besuchen werden. Der ganze Vortrag endet mit einer Art Diashow in Überblendtechnik ohne Worte, dafür aber mit schöner Musik unterlegt. Als es wieder hell wird im Saal merken wir, dass inzwischen doch noch viele Zuhörer gekommen sind. Der Schlussapplaus ist dementsprechend groß.

„Jetzt konnten wir gar nicht zur Teestunde gehen!" stelle ich bedauernd fest. Dafür entscheiden wir uns für einen

Ausflug in die Panorama-Lounge mit ihren bequemen Sesseln und großen Fensterfronten. Von dort aus haben wir einen herrlich weiten Blick 'achteraus', wie das wohl auf seemännisch heißt. Auch heute ist das Kielwasser weit zu verfolgen, und am Horizont können wir auch noch ganz klein eine Insel ausmachen.

Das Abendprogramm beginnt heute direkt mit dem Abendessen. Kein Kapitänsempfang, kein Sekt und 'nur' ein fünfgängiges Menü. Und heute schlage ich voll zu und lasse keinen einzigen Gang aus. „Die viele Seeluft macht hungrig!" ist meine stichhaltige Begründung. Aber auch Traudl wählt diesmal einen Zwischengang. Als die Mamsell nach den Getränkewünschen fragt, erkundige ich mich nach einem alkoholfreien Bier. Nachdem ich ihr unsere Kabinennummer verraten habe, verschwindet sie und kommt umgehend mit einem Fläschchen 'Fun' zurück. Das ist doch mal was anderes als immer nur Mineralwasser! Während wir wieder vorzüglich bedient werden, scheint es draußen bereits zu dämmern, und als wir zu unserem abendlichen Spaziergang rund ums Schiff auf dem Saturndeck aufbrechen, können wir gerade noch die letzten aber schon sehr schwachen Sonnenstrahlen einfangen. Dafür gibt es einen herrlichen Sonnenuntergang.

Um 20 Uhr 30 tritt die Harfenspielerin auf. Wir beeilen uns daher, noch rechtzeitig in die Show-Lounge zu kommen, und finden sogar noch zwei Plätze relativ mittig vor der Bühne in der vierten Reihe. „Hast du dir im Tagesprogramm mal die 'Cocktails des Tages' angesehen?" richte ich die Frage an meine Frau und ergänze gleich: „Da gibt es immer einen alkoholfreien und einen mit Geist." Noch bevor die Vorstellung beginnt, werden wir unsere Bestellung für die beiden Tagesdrinks mit toll klingenden Namen los.

Der gleiche Moderator wie gestern Abend tritt in das Scheinwerferlicht und kündigt nun die Harfenistin, eine Russin mit unaussprechlichem Namen an. In zartes Rosa gehüllt betritt die ebenso zarte Musikerin die Bühne. Eine Konzertharfe steht schon die ganze Zeit da, und daneben ein kleiner Notenständer mit einem Tablet drauf. Sie spielt nun vorwiegend klassische Stücke, aber darunter auch viel Bekanntes. Dabei wischt sie immer wieder über ihr Tablet, auf dem sie offensichtlich ihre Noten gespeichert hat. „Das ist ja eine tolle Idee; so könnte ich doch auch meine Keyboard-Noten speichern!" erkläre ich in einer Pause meiner Gattin. Da sie selbst nicht spielt, entgegnet sie nur ein „Wenn du meinst." Aber so könnte ich mein ganzes Regalfach mit Notenheften auf einen USB-Stick im Tablet-PC reduzieren, und gegen mehr Platz im Schrank hat sie sicher auch nichts einzuwenden.

Schließlich tritt auch der Moderator wieder auf und bedankt sich sowohl bei der Künstlerin als auch beim Publikum, aber nicht ohne sein seltsam betontes ‚Gute Nacht'.

Silvia, wir kommen!

Heute Früh steht eine besondere Attraktion für alle Küstenliebhaber auf dem Programm: die Einfahrt nach Stockholm führt an unzähligen kleinen Inselchen vorbei, den Schären. Und dafür braucht unsere Artania fast zwei Stunden! Da dies zweifellos auch für uns etwas Besonderes ist, haben wir unseren Wecker auf 7 Uhr gestellt.

Noch vor dem offiziellen Frühstück (es gibt auch ein Frühaufsteher-Frühstück mit einer geringeren Auswahl) sind wir auf unserem Balkon und finden uns schon von vielen kleinen, meist kahlen Felseninseln umgeben. An den Stellen, wo die Sonne durchbricht, leuchten gelegentlich ebenso kleine Holzhäuschen in Rot-, Gelb- und Blautönen durch die spärlichen Bäume, sofern überhaupt ein Bewuchs auf den Felsenhaufen festgestellt werden kann. „Schau mal, das Haus nimmt die ganze Insel ein!" belustigt zeigt mir Traudl eine Insel, von der eigentlich nur noch die quietschgelbe Hütte zu sehen ist und ein kleiner Steg, der zwei oder drei Meter ins Wasser reicht. Für mehr ist kein Platz auf dem Mini-Eiland. Eine andere Schäre hat gerade genug Platz für einen kleinen roten Leuchtturm, aber immer wieder stehen an den Ufern hellgelbe Tafeln, die auf Unterwasserkabel hinweisen.

Jetzt, kurz nach 8 Uhr, meldet sich auch wieder unser Kreuzfahrtdirektor über die Bordlautsprecher und vermeldet, dass die Restaurants zum Frühstück geöffnet seien. Er erzählt noch etwas über die riesige Fläche, die die Schärenlandschaft einnimmt und schließlich, dass wir leider nicht im Stadthafen von Stockholm anlegen können, sondern nur in einem etwas außerhalb liegenden Fährhafen. „Schade, das wäre sicher ein schöner Anblick gewesen!" bedaure ich diese Neuigkeit. „Aber wir kennen dieses herrliche Stadtpanorama ja schon von früher." trösten wir uns.

Damit wir rechtzeitig zu unserem Ausflug kommen können, entscheiden wir uns nun zu Gunsten des Frühstücks und verfolgen die Weiterfahrt nur noch vom Restaurant aus. Heute bleibt uns sogar über eine ganze Stunde, das Frühstück in Ruhe zu genießen. Darum lasse ich mir sogar mal zwei Spiegeleier kommen! Das Zubehör wie Speck, Tomate und Toast hole ich mir vom Buffet. Und ein schöner Obstteller sorgt für die nötigen Vitamine. Durch das Fenster erkennen wir, dass unser Kapitän nun zwischen Verladekränen und unendlich vielen Containern am Ufer einen passenden Parkplatz für sein schwimmendes Gefährt sucht. Die Motorengeräusche, die zwar auf See permanent vorhanden aber keinesfalls störend sind, werden deutlich leiser; ein Zeichen dafür, dass wir festgemacht haben.

Eine weitere halbe Stunde vertrödeln wir in unserer Kabine, bis wir nun mit Ausflugsgutschein und Kamera ausgerüstet das Schiff verlassen, auch diesmal wieder zusammen mit allen Reisenden, die den Ausflug nach Drottningholm gebucht hatten. Heute sind es sogar zwei Busse, die dieses Ziel ansteuern. Drottningholm liegt im Westen und etwas außerhalb der schwedischen Hauptstadt, unser Hafen etwa genausoweit im Osten, so dass wir fast eine Stunde brauchen, um quer durch Stockholm zum Sommersitz der königlichen Familie zu fahren. „Ob uns Königin Silvia schon zum Tee erwartet?" fragt meine Frau scherzhaft. „Eher noch zum zweiten Frühstück!" meine ich daraufhin in Anbetracht des Vormittags. Unser Bus hat inzwischen den Parkplatz erreicht, der schon sehr gut gefüllt ist. Der Fahrer kann uns nur aussteigen lassen, er wird uns später auf der anderen Seite des Schlossparks wieder abholen.

Wir versammeln uns um unsere wie üblich türkisweiß gekleidete Reiseleiterin und folgen ihr durch das große Tor zu einem kleinen See. „Das ist kein See, das ist einer der vielen Arme der Riddarfjärden, einem Abfluss des Sees Mälaren in die Ostsee." belehrt mich unsere Anführerin. Also kein See, eher ein Fluss. Die Namen muss ich mir aber nicht merken, wozu gibt es denn Landkarten. Aber wichtiger als das Gewässer ist die lange Schlossfront, die sich am Ufer des Flusses entlangzieht. Leider hängen schwere Wolken über dem Gebäude, aber ich mache trotzdem ein paar Fotos, während meine Frau den Erläuterungen unserer Vorbeterin lauscht. Traudl wird mir dann hinterher schon die wichtigsten Informationen weitererzählen. Auf diese Weise haben wir eine geschickte Aufgabenteilung, sie hört der oder dem Vortragenden zu und ich suche – meist in Sichtweite – schöne Fotomotive.

Gerade, als ich mich wieder der Gruppe anschließe, bricht doch noch die Sonne durch die Wolken, und ich renne nochmal an meine Fotopunkte, um jetzt sogar Fluss, Schoss, Baum und nun auch Sonne im Bild festzuhalten. Die ersten Aufnahmen kann ich ja hinterher löschen, Digitalfotografie sei Dank!

Der Ausflug sieht auch eine Innenbesichtigung des Schlosses vor, zumindest des Teils, der nicht von König Carl XVI. Gustaf und seiner Frau Silvia bewohnt wird. Wir werden durch Prunkräume in allen Farben geführt, und in allen größeren Räumen bekommen wir eine kurze Erklärung, wer wann hier warum gewohnt oder zumindest genächtigt hat. Im ersten Stock stehen wir in einem Speisesaal und bewundern das kostbare Porzellan, als sich plötzlich eine ungewohnte Unruhe in dem sonst recht ruhigen Schloss breitmacht. Die Bewacher und Bewacherinnen der Räume hasten zu den Fenstern, durch die wir eben noch einen weiten Blick in den Schlosspark werfen konnten. Auch unsere Gruppe steht etwas unsicher da und wartet auf eine Erklärung. Ist das Königspaar zu sehen? Oder droht vielleicht ein Anschlag? Man kann das heute ja leider nicht immer ausschließen. Die Antwort ist aber schnell sichtbar. Statt Park mit Sonnenschein sehen wir jetzt aus den nun geschlossenen Fenstern – nichts mehr! Bei einigen wurden schnell die Läden vorgeklappt, bei den anderen ist nur noch eine graue Wand zu erkennen, wie wenn man Rollos heruntergezogen hätte! Gleichzeitig prasselt ein heftiger Regenschauer gegen die Scheiben. Wir stehen einige Minuten wie erstarrt um unsere Reiseleiterin herum. Vielleicht waren es auch nur Sekunden, es kommt uns aber wie eine Ewigkeit vor.

Langsam wird das Prasseln etwas leiser, und wir können zumindest wieder die nächsten Bäume durch das Fenster erahnen. „Na, dann gehen wir mal weiter!" fordert uns unsere Anführerin auf, und wir setzen unseren Rundgang fort. Zum Abschluss der Führung besichtigen wir noch das schlosseigene Theater, in dem auch heute noch Aufführungen stattfinden. Teile der Bühnentechnik stammen sogar noch aus dem 18. Jahrhundert, und ein früherer König Gustav hat für diese Bühne sogar Stücke geschrieben und manchmal auch selbst mitgespielt.

Wir kommen zum Ausgang und halten schon mal unsere Schirme bereit, zumindest diejenigen unserer Truppe, die vorsorglich einen Regenschutz mitgenommen haben. Traudl hat, wie immer bei unbestimmter Wetterlage, einen Minischirm in ihrem Rucksack und zieht ihn zu seiner vollen ‚Größe' auseinander. Dann geht es hinaus – in den strahlenden Sonnenschein! „Nanu, wo ist der Regen hin?" fragen nicht nur wir uns. „Schau dir die großen Pfützen an! Da müssen wir ja fast schwimmen!" Damit findet meine Frau zumindest eine teilweise Erklärung für den Verbleib des Regens.

Nach ein paar Metern vorsichtigen Umrundens der Lachen ziehe ich dann doch meine Kamera aus der Tasche. „Das muss ich fotografieren!" Mit diesen Worten bringe ich Traudl zum Umdrehen und zu der überraschten Äußerung

„Oh, toll!". Das Schloss leuchtet in seinem hellen Gelb und den grünlichen Dächern von der Sonne angestrahlt vor einem nahezu schwarzen Himmel! Ich drücke nicht nur einmal ab, sondern suche mir – Pfützen hin oder her – einen optimalen Standort. Mit exakt zugeschnittenen Bäumen, mit Springbrunnen oder mit Wachsoldat im Vordergrund. Irgendwann bin ich dann aber doch mit meiner Ausbeute zufrieden, und wir setzen den Slalomlauf durch den Schlosspark fort. Die Anlage selbst hat natürlich auch etwas unter dem Regenguss gelitten, die Gärtner werden wohl Überstunden machen müssen.

Am Ende des Parks zeigt uns die uniformierte Anführerin noch eine Sehenswürdigkeit. Das ‚Chinesische Schlösschen' ist ein bunter Mix aus französischen Rokoko und chinesischen oder zumindest orientalischen Elementen; zumindest wirkt es sehr exotisch. „Der Bus kommt!" Ich weiß zwar nicht, wer diese Parole ausgegeben hat, aber sofort wendet sich die ganze Gruppe vom Schlösschen ab. Als ob ein Bus interessanter wäre als ein chinesischer Palast! Alle eilen nun dem etwas unterhalb der Anhöhe liegenden Parkplatz zu. Gerade als wir in den Bus einsteigen, fängt es wieder zu regnen an.

Auf der Fahrt zurück Richtung Artania wird noch heftig über unser sagenhaftes Glück diskutiert, wie wir der Nässe von oben entgangen sind. Das Schloss selbst war sicher den Ausflug wert, aber der Regenguss bleibt Nummer eins als Gesprächsthema.

Schweden ade

Unser Bus sucht aber nicht den direkten Weg zurück zum Schiff, sondern nimmt noch einen Umweg über den südlichen Teil von Stockholm. An der Altstadt ‚Gamla Stan‘ vorbei fahren wir über mehrere Brücken und dann in den Stadtteil ‚Sødermalm‘. Er liegt erhöht über den Schleusen, die das Salzwasser der Ostsee vom Süßwasser aus dem Mälaren-See trennt und von dort einen herrlichen Rundblick über die Stadt ermöglicht. Der Busfahrer lässt uns auch kurz aussteigen, bittet aber darum, gleich wieder zurückzukommen, da er die schmale Straße sonst zu lange blockiert. Da sich die Wolken größtenteils verzogen haben, springen auch wieder ein paar brauchbare Aufnahmen für meine Kamera heraus. Die Altstadt sowie das Vergnügungsviertel ‚Gröna Lund‘ liegen uns zu Füßen, und wir müssen leider schon wieder viel zu früh weiterfahren.

An der MS Artania angekommen, gehen wir gleich an Bord, denn in diesem Industriehafen herrscht sozusagen ‚tote Hose‘, zumindest touristisch gesehen. Die Zeit bis zur Abfahrt verbringen wir faul in unserer Kabine. Erst als wir das dreimalige Tuten hören, raffen wir uns wieder auf und verfolgen nun die lange Fahrt durch die Schären zunächst von unserem Balkon aus. „Hast du eigentlich auch mal Hunger?“ frage ich vorsichtig bei meiner Gattin an. „Jetzt müsste doch eigentlich noch Teestunde sein!“ Da das Mittagessen heute ausgefallen ist, ziehen wir unsere Bordschuhe an und machen uns auf den Weg zur Panorama-Lounge ‚Pazifik' zwei Decks über uns. Das Angebot ist einladend groß, denn es gibt außer süßen Kuchen und Keksen auch einige deftige Brote und belegte Toasts, dazu wie immer um die Nachmittagszeit, für uns einen grünen Tee. Auch von hier ober haben wir einen schönen Blick auf die bunte Inselwelt, deren Dichte aber langsam abnimmt. Bald sind wir wieder auf der offenen See.

Nach einer Runde um das Saturndeck kehren wir erneut in die Kabine zurück. Auf dem Schreibtischchen liegt ein Kuvert für uns. „Es ist eine Einladung" stelle ich erstaunt fest. „zu einem Kapitäns-Cocktail auf dem Sonnendeck." Das gehört wohl zu dem ‚Silber-Service', den wir durch die Buchung unserer Kabine auf dem Jupiterdeck mit in Anspruch nehmen können. Traudl schaut mir über die Schulter und liest weiter „Morgen Nachmittag um 16 Uhr." Da sind wir dann gerade auf dem Weg von Turku nach Helsinki, also auf See. Gut, dass wir da nichts anderes vorhaben!

Während wir noch die Einladung studieren, schiebt sich von außen ein Papier unter unserer Tür hindurch. Traudl zieht es noch ganz hervor und wirft einen kurzen Blick darauf. „Die Tageszeitung." informiert sie mich und reicht sie mir herüber. Stimmt, die haben wir gestern ja auch bekommen. Das vierseitiges Blatt, aufgemacht im Stil einer Zeitung, soll uns über das Weltgeschehen während unserer

Kreuzfahrt auf dem Laufenden halten. Highlights aus Politik, Wirtschaft und Sport sind aufgeführt, aber ich lese nur die Überschriften. Schließlich habe ich Urlaub, also auch Urlaub vom Rest der Welt!

Den übrigen Nachmittag verbringen wir in unserer Kabine oder auf dem Privatbalkon. Traudl schreibt Tagebuch, ich lösche meine Aufnahmen von heute Morgen, zumindest jene, die ich dann nochmal bei Sonnenschein machen konnte. „Das Unwetter hätte ich fotografieren sollen. Das glaubt uns sonst keiner, dass für ein paar Minuten die Welt untergegangen ist." – „Aber du hast doch die Pfützenlandschaft danach fotografiert; das kann man sich dann schon vorstellen!" beruhigt mich meine Frau. Na ja, was hätte ich da auch fotografieren sollen? Ein graues Fenster? Mehr war ja nicht zu sehen.

Das Abendessen wird wieder auf drei Gänge beschränkt. Schließlich hat es ja ein ausgiebiges Kaffee-, oder richtiger gesagt, Teestündchen gegeben. Während wir auf den ersten Gang unseres Menüs warten, ziehe ich das Tagesprogramm aus der Tasche und lege es zwischen uns, so dass wir es beide gleichzeitig studieren können. „Heute gibt es wieder Tanz in der Panorama-Lounge!" will mir Traudl schmackhaft machen. Ich deute aber auf einen anderen Programmpunkt, denn der Zauberer tritt um 20 Uhr 30 in der Atlantik-Show-Lounge auf. „Da könnten wir ja anschließend noch zum Tanzen gehen!?" droht mir meine Frau. Wir vertagen die Entscheidung über den späteren

Abend erst mal, denn die Vorspeise kommt, eine ‚Schafskäse-Pfannkuchenrolle mit gekühlter Pepperonata und Grüner Sauce‘. Heute hat es mir die grüne Soße angetan, denn die kenne ich noch gut aus meiner sehr frühen Frankfurter Kindheit. Traudl schwimmt eher auf der italienischen Welle mit ‚Tortellini Bolognese‘ als Hauptgericht.

Gut gesättigt machen wir noch einen Umweg über die Kabine, bevor wir zur Zaubershow gehen. „Schau mal raus!“ fordert mich meine Gattin auf, die gerade auf dem Balkon steht. „Und bring den Foto mit.“ Entgegen unserer Fahrtrichtung ist gerade die Sonne dabei, sich für heute zu verabschieden. Sie versinkt zwar nicht im Meer, sondern hinter einem bewaldeten Inselchen in der Ferne, aber der ganze Himmel ist schon dunkelorange. Als unser Zentralgestirn endlich ganz verschwunden ist, starten wir Richtung Show-Lounge, uns verzaubern zu lassen.

Die Veranstaltung ist ganz unterhaltsam, und zum Glück sind wir auch diesmal nicht in der ersten Reihe, denn das Publikum wird immer wieder mit einbezogen. Einige Tricks sind wirklich verblüffend, andere haben wir schon oft gesehen, aber bis jetzt können wir bestenfalls vermuten, wie die Kunststückchen gehen. Aber sonst wäre es ja auch keine Zauberei. Kurz vor 22 Uhr ist die Show zu Ende, und wir stellen jetzt aber beide fest, dass der Tag doch irgendwie anstrengend war. Folglich nehmen wir das seltsame ‚Gute Nacht‘ des Zauber-Moderators ernst.

Jäätelöä

Die Nacht war unruhig. Etwas klappert in unserer Kabine. Mitten in der Nacht stehe ich auf und versuche, dem Störgeräusch auf die Schliche zu kommen. Wackelt die Tür zum Bad? Ja, aber das war nicht das Geklapper, das mich aufgeweckt hat. Eine Schranktür? Eigentlich auch nicht, aber die fällt mir quasi aus der Hand und schlägt nun mit einem umso lauteren Knall zu. „Ist was?" murmelt es aus dem Bett meiner Frau. Sie hat wohl einen deutlich besseren Schlaf als ich, denn sie ist bis dahin nicht aus selbigem gerissen worden. Ich erkläre ihr kurz, was mich nächtens herumtreibt, aber sie dreht sich nur um und ist wieder im Reich der Träume. Schließlich komme ich dem Geräusch schon sehr nahe: Es ist in der Klimaanlage! Allerdings lässt sich diese nicht von der Kabine aus steuern, und so bleibt mir keine andere Wahl, als ein Handtuch zu holen, auf den Sessel zu klettern und das Stoffteil in den Schlitz zu stopfen. Das dämpft zumindest das Geklapper, und ich kann mich wieder ins Bett begeben.

Als ich wieder aufwache, ist Traudl auch schon munter. Was mich da so gestört hat? Es ist eben ein Geräusch gewesen, das ich nicht zuordnen konnte, und so etwas kann ich einfach nicht ertragen. Im Auto ist mir das auch schon mal passiert: Etwas hat geklappert, und ich habe schon die ganze Werkstatt verrückt gemacht. Letztendlich war es ein

Kabel, das nicht sauber im Armaturenbrett verlegt war, und das hat immer wieder gegen etwas geschlagen.

Auf dem Weg zum Frühstück mache ich noch einen Schlenker zur Rezeption und berichte mein nächtliches Erlebnis. Man verspricht mir, einen Techniker vorbeizuschicken. Noch während Rührei, Speck und Toast können wir durch die großen Fenster sehen, dass wir wieder in Landnähe sind. Deshalb beschleunigen wir die Nahrungsaufnahme, um möglichst schnell an Deck zu kommen. Unsere Artania gleitet ruhig mit sicherem Abstand am Ufer entlang, das sich hier vor allem auf der Backbordseite hinzieht. „Das können wir auch von unserem Balkon aus bequemer sehen." Damit versuche ich, zwei Fliegen mit einer Klappe zu schlagen: Erstens natürlich die Beobachtung der Landschaft, und zweitens das Überprüfen, ob der Techniker schon da war.

Die Landschaft zieht auch vor unserem Balkon vorbei, und langsam kommen noch ein paar Häuser und dann sogar einige Industrieanlagen hinzu. Die Klimaanlage klappert aber immer noch vor sich hin. Na ja, tagsüber stört das nicht so sehr. Wir studieren den kleinen Stadtplan von Turku, denn wir wollen das Städtchen auf eigene Faust erkunden. Einen Ausflug haben wir heute mal nicht gebucht, aber zumindest ein Busticket vom Hafen zur Stadt und zurück für 5,- € erworben. Im Reiseplan steht viel über die Geschichte von Turku, unter anderem auch, dass es bis 1819 Hauptstadt Finnlands war, aber auf Grund seiner großen Entfernung zu Sankt Petersburg auf einen Zarenerlass hin von Helsinki abgelöst wurde. Die Burg sei interessant, ebenso der Dom und die Lage am Flüsschen Aurajoki.

Während wir noch versuchen, uns auf dem Plan zu orientieren, klopft es an der Tür und ein Handwerker im Overall fragt etwas unsicher, was er tun kann. Ich erkläre ihm dann auf englisch, denn sein deutsch ist doch etwas sehr lückenhaft, was mich heute Nacht aufgeweckt hat. Er zieht sich daraufhin den runden Glastisch unter die Lüftungsöffnung und klettert über den Sessel auf das Tischchen. Nur so kommt der kleine Philippine an die Störquelle. Er schraubt den Deckel ab und schiebt irgendetwas dahinter hin und her. Der Deckel kommt wieder an seinen Platz und – das Klappern ist verschwunden. Der Techniker erklärt mir, dass wohl unsere Vorgänger in der Kabine über den starken Luftzug geklagt hätten, und ein anderer Handwerker hätte daraufhin die innere Klappe fast ganz geschlossen. Aber halt nur so weit, dass sie zu klappern anfangen konnte. Mit einem kleinen Trinkgeld in der Hand und mindestens zehn Verbeugungen verabschiedet er sich wieder.

„Wir haben pünktlich in Turku angelegt, so dass die Ausflüge wie im Tagesprogramm ausgewiesen stattfinden können. Für diejenigen, die keinen Ausflug gebucht haben, ist das Schiff seitens der Behörden bereits freigegeben." Die Durchsage bringt uns schnell wieder auf die Artania zurück, nachdem wir uns in den letzten Minuten ausschließlich um den auf dem Tisch turnenden Philippinen gekümmert hatten. Mit unserer Standardausrüstung machen wir uns gleich darauf auf den Weg und verlassen unser Schiff. Mehrere Busse stehen schon bereit, aber nur einer trägt die Aufschrift ‚Shuttle‘, und in dem sitzen schon einige Schiffs-Passagiere, die wie wir Turku im Alleingang besichtigen wollen.

Der Bus spuckt uns an einer Parkanlage nahe dem Stadtzentrum aus. Vor hier soll es später im Halbstundentakt auch wieder zurückgehen. Wir stehen an einer belebten Straße, die kerzengerade auf eine Anhöhe führt, an dessen Ende eine Art Schlösschen auf uns herunterschaut. „Das Kunstmuseum.“ stellt Traudl beim Blick auf den Stadtplan fest und „Davor liegt sowas wie ein Marktplatz.“ Ein Markt ist immer interessant, schon allein wegen der landestypischen Waren, die dort sicher angeboten werden. Wir folgen der Hauptstraße, auf der es von gelben Omnibussen nur so wimmelt, und kommen bald an den Marktplatz. Das sonnige Wetter hat wohl viele Leute auf die Straßen gelockt, denn hier scheint zurzeit eine besondere Aktion stattzufinden, die vor allem Jugendliche anlockt. Was das eigentliche Thema ist, bleibt uns aber verschlossen. Was uns jedoch auffällt, sind die vielen Schilder in finnischer Sprache, die für uns sehr eigenartig klingt. Bevor meine Frau den Verkaufsstand entdeckt hat, frage ich sie „Was ist eigentlich Jäätelöä?“ Sie schaut mich mit großen Augen an und vermutet wohl, dass ich einen Sprachfehler habe. Dann zeige ich ihr aber die Bude, in der verschiedene Sorten Eis angeboten werden. „Finnisch ist schon sehr gewöhnungsbedürftig, Jäätelöä heißt Eiscreme!“ kläre ich auf.

Verloren in Turku

Mit dieser neuen Erkenntnis, aber ohne ein Eis zu kaufen, durchqueren wir den Marktplatz. Eigentlich haben wir bunte Verkaufsstände mit Obst und Gemüse erwartet, aber jetzt gehen wir mitten durch unzählige Infostände von irgendwelchen Firmen, Organisationen und Vereinen, deren Namen wir bestenfalls lesen können; was sich dahinter verbirgt bleibt uns aber sprachbedingt verschlossen. Auch eine kleine Skater-Anlage ist in der Mitte aufgebaut. Demnach muss es sich doch um eine Veranstaltung für Schüler oder Studenten handeln.

„Da ist ein deutscher Stand!" ruft mir Traudl inmitten des umgebenden Trubels zu. Tatsächlich, ein großes Transparent verkündet ‚Deutsche Gesellschaft in Turku'. Natürlich sind wir neugierig und betrachten die Ausstellungsstücke auf den Tapeziertischen. Da sind zwischen deutschen Zeitschriften und Büchern auch allerlei deutsche ‚Kulturgüter' aufgebaut, neben einer Kuckucksuhr stehen auch diverse Modelle von bekannten deutschen Gebäuden. Der Herr gegenüber mustert uns schon eine ganze Weile, darum spreche ich ihn auf Deutsch an. Er jedoch legt seine Stirn in Falten und fragt mich stattdessen, ob ich englisch spreche; er kann leider nicht Deutsch – und das an einem deutschen Stand! Wir erfahren, dass er und seine Mitarbeiter den finnischen Studenten helfen, einen der wenigen und daher begehrten Studien- oder Praktikumsplätze für

Finnen in Deutschland zu ergattern. Doch ein bisschen enttäuscht lassen wir ihn dann stehen, aber nicht ohne ein bewusst betontes ‚Auf Wiedersehen!'.

Am Ende des Marktplatzes verleitet uns eine Einkaufsstraße zum Schaufensterbummel und Preisvergleich bei Schuhen und Fotoapparaten. Das Preisniveau ist aber durchaus mit den bei uns üblichen Preise zu vergleichen, nur manches erscheint uns etwas überteuert. Nach einem Rechtsschwenk am Ende der Schaufensterfronten steuern wir nun auf eine Brücke zu. „Guck mal, die vielen Fahrräder! Wir sind doch nicht in Holland?!" Die Verwunderung meiner Frau findet aber schnell eine Erklärung: Auf unserem Stadtplan ist hier gleich neben dem Fluss die Universität eingezeichnet. Die vielen jungen Leute, die auch in den Straßen in der Mehrheit sind, haben am Brückengeländer einfach ihre Drahtesel festgemacht.

Jenseits des Aurajoki, der bald nach der Stadt in die Ostsee mündet, beginnt ein kleiner Hügel, auf dessen halber Höhe der Dom mit seinem wuchtigen Backstein-Kirchturm thront. Schon von Weitem haben wir ihn immer wieder zwischen den Häusern hindurch gesehen und uns daran etwas orientieren können. Jetzt stehen wir im Innern der Kirche und staunen über die Höhe des Hauptschiffs. Schmuck gibt es recht wenig, außer den schönen Fenstern, die vom Sonnenlicht durchstrahlt werden. Nur die Apsis leuchtet mit ihrer blauen Decke aus dem Einheitsgrau hervor. Die modernen Orgelpfeifen stellen auch einen interessanten Kontrast dar. In den Seitenaltären sind einige Grablegen untergebracht; ein paar davon sogar mit weißen Marmorfiguren oder einem anderen hellen Stein.

Als wir wieder aus der Kirche kommen, wird es langsam Zeit, an die Rückfahrt zur Artania zu denken. Jetzt, da wir an unserem bisherigen Orientierungspunkt, dem Kirchturm, stehen, fehlt uns aber ein Wegweiser zurück zur Busstation. „Was hältst du davon, einfach an diesem Fluss entlang zu gehen? Da kommen wir doch sicher irgendwann in den Hafen!" Im Prinzip hat meine Frau damit zwar recht, aber ich befürchte, dass dann unser Schiff schon auf dem Weg nach Helsinki sein wird, wenn wir am Hafen ankommen. „Wir müssen unbedingt zum Bus. Nur der weiß, wo die Artania liegt!" bestimme ich und überzeuge damit wohl auch meine Gattin. Aber um einen Anfang zu machen, schlagen wir erst mal den Weg am Fluss entlang ein. Die grobe Richtung müsste schon stimmen.

Wir kommen an netten Cafés vorbei, in denen hauptsächlich junge Leute in größeren Gruppen sitzen; Studenten wahrscheinlich bei einer ‚alternativen Vorlesung' (eine Wortschöpfung analog zu ‚alternativen Fakten'), was in diesem Kontext aber so viel wie ‚geschwänzte Vorlesung' bedeuten soll. Wir haben nun leider keine Zeit mehr, auch eine derartige Vorlesung zu besuchen! Der letzte Bus fährt in einer halben Stunde, und wir wissen noch immer nicht, wo die Haltestelle genau ist. „Hättest du mal die Straße aufgeschrieben, dann könnten wir jemanden fragen!" Ich erwidere geistreich „Warum ich?" Stumm gehen wir die schmale Uferstraße weiter in die Richtung, in der wir unseren Ausgangspunkt vermuten. Da kommt mir eine Idee: „Wenn wir jemanden nach dem Marktplatz fragen, dann würden wir von dort vermutlich die paar Meter zur Haltestelle finden." – „Und wie willst du auf Finnisch fragen?" kommt sofort der Einwand. „Ich zeige einfach auf die Karte im Stadtplan, dort wo der Marktplatz eingezeichnet ist!"

Fast auf gleicher Höhe, nur ein paar Schritte hinter uns, geht ein älteres Paar in dieselbe Richtung. Ich drehe mich zu den Leuten um und versuche erst mal auf Englisch, meine Frage loszuwerden und halte ihnen den Stadtplan unter die Nase, während mein Finger auf den Marktplatz deutet. Entweder werden sie meine Frage verstehen, oder zumindest die Geste, hoffe ich. Sie schauen mich nur etwas fragend an, dann sie sich gegenseitig und fangen plötzlich zu lachen an. In astreinem Deutsch meint der Herr daraufhin: „Sie sind doch auch von der Artania! Kommen Sie lieber mit zum Bus, sonst müssen Sie sich ein Taxi suchen!" Jetzt müssen wir doch alle lachen, und auf dem direkten Weg zum Busparkplatz erzählen wir uns gegenseitig, was wir von Turku an Erinnerungen mitnehmen werden. Unsere neue Bekanntschaft schwärmt von einem sehr modernen Kunstmuseum. Meine Frau ist vom Dom beeindruckt, dessen Höhe man von außen gar nicht erahnen kann.

Ich sage nur ‚Jäätelöä'.

Mit dem Kapitän auf du und du

Tatsächlich waren wir nur etwa 200 Meter von unserer Busstation entfernt, als wir die Mitreisenden nach dem Weg fragen wollten. Jetzt stehen wir genau dort, wo uns der Omnibus ein paar Stunden vorher ausgespuckt hatte. Aber wir hätten uns gar nicht so beeilen müssen, denn mit der Pünktlichkeit nimmt es unser Fahrer nicht so genau. Nachdem er mit einigen Minuten Verspätung doch noch gekommen ist, wartet er jetzt lieber noch weitere 10 Minuten, um auch eventuell verspätete Ausflügler mitnehmen zu können. Auf einige Bemerkungen der Busreisegäste hin, dass es schon Zeit zur Abfahrt wäre, erhalten wir nur so etwas wie „Sie haben doch Urlaub, da kommt es doch nicht auf ein paar Minuten an!?"

Unterwegs macht der Fahrer noch einen Stopp an der Festung von Turku, um dort auch noch einige Gäste mitzunehmen. Einige Minuten später stehen wir wieder vor unserer MS Artania. Wie in jedem Hafen, ist der Bereich um die Rampe, über die wir ins Schiff gelangen können, schön mit Teppichen ausgelegt und ein aufgestellter Rettungsring entbietet uns ein ‚Willkommen zu Hause'. Da die Sonne gerade günstig steht, fotografiere ich diese Dekoration aus verschiedenen Winkeln. Nebenbei höre ich hinter mir ein Geklapper und zwei Personen reden auf Englisch miteinander. Stehe ich vielleicht im Weg? Vorsichtshalber drehe ich mich um und stutze; da steht doch unser Kapitän im Räuberzivil breitbeinig neben einem ‚Streifenhörn-chen‘, zwischen den Beinen ein Fahrrad haltend. Kapitän Hansen hat wohl den Aufenthalt in Turku genutzt, eine kleine Spritztour auf seinem Zweirad zu unternehmen, und berichtet jetzt seinem Offizier von den Erlebnissen unterwegs. Anscheinend hat er auch meine Fotoaktion bemerkt, denn er kommt noch zu uns her und fragt, ob er eine Aufnahme mit uns beiden machen soll. Natürlich sagen wir nicht nein!

Sportlich trägt er danach seinen Drahtesel über die Rampe ins Schiff, und wir folgen ihm. „Warum hast du kein Foto mit dem Kapitän gemacht?" löchert mich meine Gattin auf dem Weg in unsere Kabine. Stimmt, daran habe ich gar nicht gedacht. „Wir treffen ihn doch später nochmal beim Cocktail, da habe ich sicher bessere Gelegenheiten!" fällt mir gerade noch rechtzeitig als Ausrede ein.

~.~

Die Küchenmannschaft hat noch auf uns gewartet, wie wir einer Durchsage entnehmen, denn eigentlich ist die mittägliche Fütterungszeit schon fast vorbei. Wir wählen aber wieder nur das Buffet auf dem Lidodeck. Dort sind die gleichen Gerichte zur Selbstbedienung aufgebaut, die in den Restaurants natürlich viel schöner drapiert und auf großen Tellern frisch aus der Küche serviert werden. Zu-sätzlich lockt aber am Buffet ein buntes Salatangebot, das auf uns eine magische Anziehungskraft ausübt. Noch während wir beim Nachtisch sitzen, bewegt sich die

Landschaft draußen wieder und wir sind auf dem Weg zur heutigen Hauptstadt Finnlands, nach Helsinki.

Wir gönnen uns erst mal ein Stündchen Ruhe, um dann vom Balkon aus die inzwischen schon ziemlich weit entfernte Küste auf unserer Landkarte zu verfolgen. Hilfestellung gibt uns dabei der Informationskanal im Fernseher, der auch immer wieder einen aktuellen Kartenausschnitt einblendet. Langsam geht die Uhr auf 16 Uhr zu, die Zeit, zu der die Kaffee- oder Teestunde in die Panorama-Loung am Heck lockt. Heute jedoch bleiben wir am Bug, wenn auch ebenfalls auf dem Sonnendeck.

Als wir ankommen, finden wir uns zwischen vielen Offizieren in ihren weißen Uniformen und auch mindestens genauso vielen Passagieren wieder. Dazwischen bieten einige Stewards Sekt oder gemischte Getränke an, auch werden Platten mit kleinen Häppchen herumgereicht. Der Kapitän spricht mit jedem Gast einmal kurz, und ich frage ihn, wie oft er denn zu einem Radausflug auf den Reisen kommt. „Das kommst auf Sicherheit und auf Lage vom Hafen an. Du kannst nix Radfahren, wenn die ‚Weiße Lady‘ in gefährlichem Land anlegt und das Schiff bewacht sein müssen. Mitten in Stadt ist auch nix so gut.“ Ende des Smalltalks. Während wir ein Gläschen Sekt-Orange verinnerlichen, schieße ich noch ein paar Fotos von der illustren Gesellschaft, während Traudl mit unserer Bekanntschaft aus Turku ein paar Worte wechselt. Dann verabschieden wir uns still und heimlich und gehen doch noch zur Teestunde im Heckbereich des gleichen Decks. Dort gibt es heute noch eine besondere Veranstaltung: einen Salsa-Tanzkurs. Wir schauen eine ganze Weile zu und verdrücken dabei lieber ein Stück Kuchen, denn „So trocken bekomme ich meinen Tee sonst nicht hinunter!".

~.~

Das Abendprogramm sieht heute eine bunte Darbietung mit Musical-Melodien vor. Davon haben sich viele Passagiere locken lassen, denn die Atlantik-Show-Loung ist bald brechend voll. Wir waren in weiser Voraussicht schon frühzeitig da und konnten uns so einen guten Mittelplatz aussuchen. Das bordeigene Orchester spielt und die Showtanzgruppe der Artania singt und tanzt dazu. Und das eigentlich gar nicht so schlecht! Bewundernswert ist vor allem auch der rasante Kostümwechsel, denn kaum ist ein Teil der Truppe am Ende eines Songs hinter der Bühne verschwunden, kommen die jungen Damen und Herren schon wieder in einem total anderen Outfit hinter dem Vorhang hervor. Die ganze Veranstaltung wird selbstverständlich auch heute wieder vom Zauberer und Moderator eingerahmt, und da darf auch am Ende das übliche ‚Gute Nacht!' inklusive Augenzwinkern nicht fehlen.

Das junge Helsinki

Nach einer Nacht ohne nervigem Geklapper lassen wir uns von der Sonne wecken. Ein kurzes Lauschen verrät uns, dass wir wohl schon im Hafen liegen müssten, denn die Motorgeräusche sind kaum wahrzunehmen. „Mach mal den Vorhang auf!" bitte ich meine Frau, die etwas näher an der Balkontür liegt. Prompt schauen wir auf ein hohes graues Gebäude mit einem riesigen Plakat daran „Welcome to Helsinki" ruft es uns in großen Lettern zu, und das ist für uns das Zeichen, wieder etwas schneller die üblichen Prozeduren in Badezimmer und Frühstücksraum abzuwickeln. Laut Tagesprogramm beginnt unser gebuchter ‚Stadtrundgang Helsinki' um 9 Uhr 15, und nur mit mehr Tempo schaffen wir es, rechtzeitig in der Atlantik-Show-Lounge und damit am gewohnten Treffpunkt zu sein.

Beim Verlassen des Schiffs merken wir, dass unser Rundgang dennoch mit einer Busfahrt beginnt. Wir werden zunächst zum Senatsplatz chauffiert, denn hier ist ein beliebter Treffpunkt, und um den Platz sind einige Regierungsgebäude angeordnet. Am sehenswertesten ist jedoch hier der Dom, der auf einer kleinen Anhöhe über dem Platz thront. Das große, weiße Kirchengebäude mit seinen korinthischen Säulen und seinen vielen Kuppeln erinnert uns eher an eine orthodoxe Kirche. „Wenn Sie den Dom von innen ansehen möchten, haben Sie nach unserem Rundgang noch genügend Zeit dazu!" Unsere Reiseleitung für diesen Ausflug erstickt damit gleich den naheliegenden Wunsch, auch das Innere zu besichtigen. Nun aber wirklich zu Fuß geht es durch ein paar kleinere Sträßchen zum Bahnhof. Das monumentale Gebäude mit Elementen aus dem Jugendstil und dem Neoklassizismus, so unsere Anführerin, wurde seit 1860 einige Male erweitert, weil es von vornehrein viel zu klein geplant war. Von dort werden wir quer durch das Verlagsgebäude einer großen finnischen Tageszeitung geleitet, um gleich dahinter auf einem begrünten Platz vor der neuen Musikhalle zu stehen. „Wenn Sie durch die große Eingangstür gehen, finden Sie rechterhand ein Buffet mit Kaffee oder Tee und Gebäck. Sie können sich hier für den weiteren Fußmarsch zur Felsenkirche stärken!" Da diese Bewirtung im Preis des Ausflugs enthalten ist, lassen wir uns alle nicht lange bitten, bedienen uns mit Getränken und einer Apfeltasche und genießen die Sonne auf der Außenterrasse. Beim Beobachten der anderen Leute, die mehr oder weniger geschäftig an uns vorbeilaufen, fällt uns beiden auf, dass der Altersdurchschnitt deutlich niedriger ist als wir es von deutschen Städten gewohnt sind. Auf unsere Frage hin erfahren wir, dass wir das ganz richtig bemerkt haben; die Alterspyramide sei hier und in vielen anderen finnischen Städten lange nicht so ausgeprägt kopflastig wie in Deutschland. Dafür lebten viele ältere Menschen noch auf dem Land.

Schließlich werden wir aber doch von unserer Ausflugsleiterin wieder aus den Träumen aufgeweckt, denn wir haben noch einen mittleren Fußmarsch vor uns. Vorbei an

der ‚Finlandia'-Halle und der Oper, die beide in einem
schönen Park liegen, nähern wir uns nun dem Höhepunkt
der Stadtführung, der berühmten Felsenkirche, die eigentlich ‚Temppeliaukion'-Kirche heißt. Da keine Gruppen in
der Kirche geführt werden dürfen, erzählt uns unsere Reiseleitung vor dem Eingang etwas über den Bau in den
60er-Jahren, dass die Kirche in den Felsen hineingeschla-
gen wurde und ein Kupferdach den runden Innenraum in
13 m Höhe abschließt. Dann dürfen wir einzeln oder in
kleinen Gruppen hinein.

Schon am Eingang lasse ich meiner Frau den Vortritt,
denn das Licht, das durch die Glasfenster zwischen den
rohen Felsenwänden und dem glänzenden Kupferdach in
den Innenraum fällt, verleitet mich sofort dazu, die Kamera herauszuholen und ein paar Aufnahmen zu machen,
noch bevor ich den Hauptraum betrete. Weiter innen ver-
breitet sich eine ganz eigenartige Stimmung, obwohl die
vielen Besucher den Raum beinahe ausfüllen. Wieder mache ich einige Fotos, diesmal von der Orgel und immer
wieder von den Lichtspielen. Im Getümmel versuche ich
dann mal zwischendurch, meine Gattin auszumachen.
Keine Chance! Vielleicht ist sie auf den Balkon gegangen?
Ich suche den Aufgang und finde ihn gleich neben dem
Eingang. Oben sind weniger Leute, aber keine Traudl.
Auch von hier aus knipse ich noch ein, zwei Aufnahmen,
dann steige ich die Treppe wieder hinunter. Da ich keine
Möglichkeit sehe, meine Frau zwischen all den Leuten zu
finden, wende ich mich dem Ausgang zu und suche mir

ein weniger belebtes Plätzchen neben dem Zugang zur Kirche, von dem ich aber den Ausgang gut beobachten kann. Eigentlich sollten wir uns inzwischen schon wieder für den weiteren Rundgang sammeln, aber ich entdecke weder unsere Stadtführerin noch meine Gattin. Langsam werde ich dann doch etwas unruhig und überlege nochmal, welche Anweisungen wir bekommen hatten: In 20 Minuten hier vor der Kirche? Ich bin mir nicht so ganz sicher, denn ich hatte mir während der Erklärungen schon überlegt, von wo ich eine gute Außenaufnahme der Kirche machen könnte; fürs Zuhören ist ja immer meine Frau zuständig. Jetzt ist sie aber nicht da, und ich kann sie nicht fragen. Nochmal fünf Minuten vergehen. Aha, die Reiseleitung kommt aus der Kirche, und ich schließe mich einfach mal ihr an. Wo die anderen bleiben? „Die werden schon noch kommen, die halbe Stunde ist ja noch nicht um!" bekomme ich zu hören. Gut, das nächste Mal versuche, besser aufzupassen. Innerhalb weniger Minuten sind wir wieder komplett, einschließlich Traudl. Wir werden eine Querstraße weitergeführt, dann steht wieder unser Bus vor uns. Auf bequeme Art kommen wir so wieder ins belebtere Zentrum Helsinkis zurück. Wir können aber auch im Bus bleiben, er fährt nämlich wieder zur Artania zurück. Wenn wir aussteigen möchten, dann können wir auch später an der gleichen Stelle mit unserem Busticket wieder zum Hafen zurückkehren.

Aber wir wollen die Zeit noch nutzen, uns etwas in Helsinki umzuschauen.

Nackte Tatsachen

Der Bus hat uns am Ende einer breiten Allee ausgespuckt. Deren anderes Ende befindet sich am kleinen Südhafen nahe der Stelle, an der wir unseren Rundgang vor ein paar Stunden begonnen hatten. Diese Allee ist eigentlich zwei Alleen, ‚Esplanadi' genannt, denn zwischen diesen verläuft eine kleine Anlage mit einem breiten Fußweg, auf dem ein buntes Treiben herrscht. Musikanten spielen gegeneinander in den unterschiedlichsten Musikstilen auf, Straßenverkäufer bieten allerlei Krimskrams feil, und die Menschen drängen sich wie wir hindurch. Auch hier fällt uns wieder der Altersdurchschnitt auf; wir gehören da schon zu den Ältesten. Im Getümmel übersehen wir beinahe die eine oder andere Statue, nur die zentral stehende Figur eines berühmten finnischen Dichter namens ‚Runeberg' ist unübersehbar. Am Ende der Esplanadi treffen wir auf einen Platz, an den wir uns auch tatsächlich erinnern, denn unsere Ausflugsleiterin hat uns bei der Vorbeifahrt ausführlich über den Brunnen in seiner Mitte erzählt.

Die Dame, die den Brunnen krönt, hatte zu Beginn des 20. Jahrhundert für heftige Empörung in der Bevölkerung gesorgt. Der Künstler hatte die Gestalt, die heute unter dem Namen ‚Havis Amanda' bekannt ist, im freizügigen Evaskostüm dargestellt. Nicht lange, und es verbreitete sich die Sage, dass ein Mann nur etwas Wasser aus dem Brunnen trinken müsse, um seine Manneskraft zu stärken.

Wir sehen zwar niemanden, der sich einen Schluck aus dem Brunnen gönnt, aber der ganze Platz ist ein beliebter Treffpunkt, vor allem wieder bei den jungen Leuten.

Hier, vom Hafen aus, haben wir einen guten Rundumblick und entdecken auf der anderen Seite der Bucht eine große orthodoxe Kirche auf einer weiteren Anhöhe. „Von dort oben haben wir sicher einen guten Blick über ganz Helsinki!" stellt meine Frau fest, und dank des schönen Wetters kann ich mir das auch gut vorstellen. Also nichts wie hin! Während wir unser Ziel im Auge behalten, folgen wir dem Strom der Einheimischen und landen unwillkürlich in einer Budenstraße, in der allerlei Plastikkram vom Spielzeug bis zu Haushaltsgeräten angeboten wird. Aber bald, kaum sind wir aus dem touristischen Teil des Markts heraus, folgen Stände mit Obst, Gemüse und Salaten. Auch Fleisch und Fisch werden in Verkaufswagen angeboten, also mal ein richtig schöner Markt, wie wir ihn Turku vermisst hatten.

Mit „Oh, mein Lieblingsgemüse!!" bremse ich Traudl ab. Wir stehen vor einem Gemüsestand mit einem strahlenden Angebot aus lila Auberginen, weißem Blumenkohl, roten Tomaten und mehrfarbigen Salaten. Und einem großen Sack mit knallgrünen Erbsen! Die Schoten sehen prall gefüllt und makellos aus. Dem kann ich nicht widerstehen. „Du wirst die doch nicht roh essen wollen?!" zweifelnd schaut mich meine Essenberaterin an, obwohl sie meine Unart genau kennt: Erbsen in aller Form esse ich immer gerne! Ohne mich auf eine Diskussion einzulassen, bitte ich die Verkäuferin um eine kleine Tüte der grünen Versuchung. Für einen Euro nehme ich meinen Schatz in Empfang und verstaue ihn in meiner Jackentasche, aber natürlich so, dass ich im Weitergehen immer wieder eine Schote herausangeln kann. Mit zwei Fingern ziehe ich den Faden wie einen Reißverschluss von einem Ende der Schote zum andern und schon komme ich an sechs, sieben, acht grüne Kugeln, die ich mir genussvoll in den Mund stecke. Meiner Gattin biete ich keine davon an; ich will ja nicht wieder eine Diskussion darüber vom Zaun brechen, wie ungesund rohe Hülsenfrüchte sind.

Fast ist meine Tüte leer, da stehen wir auch schon am Fuße des Kirchenhügels. Nun merken wir erst, dass doch ein ununterbrochener Strom von Gläubigen auf dem Weg nach oben ist, gemischt mit fast ebenso vielen Touristen wie wir. Wir lassen uns mit in die Kirche hineinziehen und staunen mal wieder. Der Innenraum ist zwar nicht besonders groß, vielleicht 20 mal 20 Meter bis zur Ikonostase, dafür aber eindrucksvoll hoch. Zwischen unzähligen Ikonen sind die Wände über und über mit Goldornamenten verziert. An den schlanken Säulen stehen auch einige Schalen mit Sand, und in ihnen brennen dünne, lange Kerzen. Nachdem wir uns sattgesehen haben, treten wir auf die große Terrasse vor der Kirche und genießen den herrlichen Blick über einen großen Teil von Helsinki. „Da drüben ist die große Kirche, an der unser Rundgang startete." Dabei zeige ich in die Richtung, und Traudl entdeckt das große weiße Gebäude mit dem Platz davor auch. „Und da hinten müsste irgendwo die Artania liegen." In einer anderen Richtung, aber dank eines Hügels außerhalb unserer Sicht, liegt wohl der Hafen, zu dem wir jetzt bald wieder zurückmüssen.

„In einer guten Stunde sollten wir wieder an Bord sein, wenn wir noch etwas zum Essen wollen!" stelle ich bei einem Blick auf meine Uhr fest. Damit trennen wir uns wieder von unserem Aussichtsplatz und gehen fast den gleichen Weg zurück, den wir auch seit Verlassen des Busses zurückgelegt haben. Nur einen kleinen Haken schlagen wir nochmal zum besagten Dom, denn von der orthodoxen Kirche aus haben wir erkannt, dass es fast kein Umweg ist. Schließlich kommen wir wieder zur Esplanadi, und an deren Ende zu unserer Busstation. Da hier schon ein paar Leute stehen, die sehr nach Artania aussehen, stellen wir uns dazu und warten. Nicht lange, da kommt auch schon ein Bus mit einem Aufkleber an der Windschutzscheibe mit dem vertrauten türkisblauen Schriftzug. „Hast du denn überhaupt eine Fahrkarte?" Meine Frau schaut mich zweifelnd an. „Nein, das war ja nicht geplant. Fragen wir mal den Fahrer!" Die anderen vor uns zeigen brav ihren Fahrschein vor, den sie schon vorab an der Schiffsrezeption gekauft haben. Ich zücke meine Geldbörse und frage den Chauffeur, was die Fahrt kostet. Er schaut mich verständnislos an und vergewissert sich nur, ob wir auch zur Artania wollen. Dann winkt er uns einfach durch. Keine 15 Minuten später sind wir schon wieder „Willkommen zu Hause".

Russland ruft

Es ist Mittag. Weil wir heute rechtzeitig an Bord zurück sind, gönnen wir uns mal wieder ein Essen im Restaurant. Und da die Abfahrt erst für den frühen Nachmittag geplant ist, können wir uns auch ganz auf das Menüangebot konzentrieren. Vier Gänge mit überschaubaren Portionen sind da schon machbar. Erst ein Pastetchen, dann ein Süppchen und ein Steakchen, schließlich ein Puddingchen: klingt nach nicht viel, ist es aber in der Summe schon! Außerdem könnten wir zu jedem Gang unsere Wünsche äußern: doppeltes Fleisch, ohne Gemüse oder was uns sonst noch einfallen könnte. Gesättigt wandern wir in unsere Kabine und hauen uns erst mal aufs Ohr.

Aus der Ferne verspüre ich ein gewisses Motorgeräusch und werde schlagartig wach. Aha, es geht weiter; auf nach Russland! Bisher hatten wir uns nie Gedanken darüber gemacht, wie es wohl ‚im Osten' zugehen könnte. Dabei waren wir schon in Rumänien, in Polen und in der Slowakei, aber Russland, das war bisher immer ganz weit weg. Und jetzt ist es so nah! Eigentlich braucht man für Russland ein Visum, aber die Tagesbesucher von Kreuzfahrtschiffen in Sankt Petersburg sind davon ausgenommen, wenn sie an Gruppenausflügen teilnehmen; das wird irgendwie pauschal organisiert. Aber einen Pass braucht man, und den haben wir uns schon vor unserer letzten Reise in Norwegen vorsichtshalber beschafft. Die Pässe wurden auch gleich beim Einschiffen einbehalten, inzwischen wohl auch registriert und die Daten an die russischen Behörden weitergeleitet. Damit soll eine Einreise als Reisegruppe einfacher möglich sein. Wir werden ja sehen!

Vom Balkon aus verabschieden wir uns von Helsinki und steuern erst mal ein gutes Stück nach Süden, bis wir schon fast in Sichtweite von Estland sind. Auf dem Kabinenmonitor verfolgen wir die Route, die uns auf eine ‚Autobahn' mitten in der Ostsee führt. Erst als wir diese erreichen, reiht sich unsere Artania in den fließenden Verkehr ein und steuert nun auf Sankt Petersburg zu. Ordnung muss sein, auch auf einem endlos erscheinenden Meer.

Das Abendprogramm lassen wir heute sausen, und daher gehen wir nach dem Abendessen nur noch auf das Saturndeck mit seinem Umgang. „Gönnen wir uns noch einen „Sundowner?" biete ich Traudl an, als wir an der Phoenix-Bar am Heck vorbeikommen. Da dies auch zeitlich optimal passen wird, bestellen wir uns einfach die Cocktails des Tages, da uns sonst die Wahl schwerfallen würde; zumal wir mit einigen Cocktailnamen keine konkrete Vorstellung verbinden. In Erwartung der Drinks setzten wir uns an die heckseitige Reling und wissen nicht so recht, ob uns jetzt das Kielwasser oder der gleich stattfindende Sonnenuntergang mehr fasziniert. Der Ober bringt noch rechtzeitig im letzten Sonnenlicht die beiden Gläser, und ich unterschreibe schnell den Beleg, denn er will noch andere Sonnenanbeter bedienen. „Welcher Cocktail ist nun der alkoholfreie?" Fragend schauen wir uns an, aber da hilft nur probieren. Der Geschmackstest bringt es an den Tag: Die Gläser stehen schon richtig. Rund eine halbe Stunde nachdem die Sonne verschwunden ist, ist der Himmel immer noch blutrot, aber wir merken schnell, dass das große Heizelement am Firmament nun nicht mehr wärmt.

In der Kabine erledigen wir noch unseren täglichen Schreibkram und blättern etwas in unserem Reiseführer. „Das lass ich mir lieber morgen von unserer Ausflugsbegleitung erzählen. Außer der Führung durch die Eremitage stehen eine Stadtrundfahrt und ein Mittagessen in einem Palais auf dem Programm. Aber wo wir genau hinkommen, soll wohl eine Überraschung sein." Dabei lassen wir es dann auch bewenden und entscheiden uns dafür, schlafend Energie für den morgigen Ganztagesausflug zu tanken. Und am Abend steht dann auch noch eine Bootsfahrt durch die Kanäle auf dem Programm.

~.~

Ist es die Aufregung, erstmals nach Russland zu kommen oder war es der kurze Nachmittagsschlaf? Jedenfalls sind wir beide unabhängig voneinander schon um 6 Uhr wach. Ein Blick über den Balkon zeigt uns, dass wir wieder in Küstennähe sind und Sankt Petersburg nicht mehr weit sein kann. „Schalt mal den Fernseher an! Ich will sehen, wo wir eigentlich sind!" will meine Frau schon in aller Frühe wissen. „Auf halbem Weg zwischen Kronstadt und Sankt Petersburg." lese ich aus der Karte auf dem Monitor. „Schade, dann sind wir an der Schleuse schon vorbei." stellt meine Gattin fest. „Sperrwerk!" korrigiere ich, „Das ist keine Schleuse, sondern ein Sperrwerk, falls die Ostsee zu viel Wasser in die Bucht von Sankt Petersburg drücken und die Stadt bedrohen würde." Aber ich tröste sie, denn wir werden die Stelle morgen nochmal beim Verlassen der Stadt passieren, und da sollte es noch Tag sein.

Eine knappe Stunde später, wir sitzen noch beim Frühaufsteher-Frühstück, laufen wir in den Hafen ein. Dabei ist ‚Hafen' schon zu viel gesagt, denn wir legen an der Innenseite einer u-förmigen Kaimauer an, die an ein ödes Stückchen Land angebaut wurde; nur in der Ferne zeigen ein paar riesige Plattenbauten den Rand einer Stadt an. Weiter rechts und links davon deuten mehrere Baukräne darauf hin, dass hier für die Fußball-Weltmeisterschaft emsig gebaut wird. Sonst besteht unser sogenannter Hafen nur noch aus einem flachen Gebäude und einem großen Parkplatz für die vielen Busse, die hier die unzähligen Kreuzfahrtpassagiere weiterbefördern sollen. Wir sind aber noch das einzige Schiff weit und breit, so dass wir uns ziemlich verlassen vorkommen. Nur auf dem Parkplatz hinter dem Flachbau stehen Busse, die sicher schon auf uns warten.

Die morgentliche Durchsage des Kreuzfahrtdirektors bestätigt die geplanten Ausflugszeiten und er bittet wiederholt, geordnet das Schiff zu verlassen und ebenso die Zoll- und Sicherheitskontrolle zu passieren. „Und lächeln Sie ruhig mal die dort tätigen Beamten in ihren großen Diensthüten an. Vielleicht gelingt es Ihnen doch einmal, ein Lächeln zurück zu bekommen! Uns ist es bisher nie gelungen…"

St. Petersburg im Regen

Wie immer werden wir für unseren Ausflug erst mal in der Show-Lounge gesammelt. Als die Gruppe für Bus Nummer sieben komplett ist, geht es hinaus auf den russischen Boden. Zwar nicht in Zweierreihen, aber doch geschlossen werden wir nun in die Halle geführt, die schmucklos wie eine große Lagerhalle aussieht. Im hinteren Drittel stehen nebeneinander vier oder fünf gläserne ,Kassenhäuschen', wie sie auch manchmal an Parkplatzausfahrten zu finden sind. Unschwer ist zu erkennen, dass sie für die Passkontrolle vorgesehen sind und an denen jeweils rechts und links mit Bändern und Ketten Durchgänge für uns abgeteilt sind. Und davor sind endlose Absperrungen, die – einem Irrgarten gleich – den Besucherstrom auf die Abfertigungshäuschen hin kanalisieren.

Von unserer Artania strömen nun über 700 Passagiere in diese Halle und auf die behördlichen Absperrungen zu. Jedoch werden wir sofort wieder gebremst, denn, wie am Flughafen üblich, müssen unser Gepäck und wir selbst durch die Sicherheitskontrolle. Fotoapparat und das restliche Handgepäck wird durchleuchtet und wir schreiten durch den Metalldetektor. Komisch, bei meinem Vordermann hat es zwar gepiepst, aber niemand hat ihn deswegen aufgehalten. Soll ich nun meine Hosentaschen leeren und den Hosengürtel ablegen? Ach was, ich probiere es einfach so. Erstaunlich, es piepst nicht einmal; trotz Schlüssel, Geldbeutel, Taschenmesser (!) und eben Gürtel! Also weiter zum Irrgarten. Unser gemeinsamer Ansturm auf die vielen Schalter wird sich schon verteilen, denke ich. „Warum stehen die Leute alle an dem einen Glaskasten an?" frage ich meine Frau, erkenne aber selbst den Grund. Alle anderen Schalter sind nicht besetzt! Kurze Rechnung: Die Abfertigung pro Kopf dauert knapp eine Minute, soweit ich es von hinten beobachten kann. Mal 700, ergibt also mindestens zehn Stunden Wartezeit. Da sollten wir dann aber schon wieder zurück an Bord sein!? Unruhe macht sich in der Schlange breit. Etwa zwanzig Personen später – wir kommen zwar im Schneckentempo, aber immerhin voran – zwängt sich ein russischer Arbeiter durch unsere Reihen und manipuliert an den Absperrungen. Und tatsächlich, erst wird noch ein zweiter Schalter geöffnet, und dann sogar noch Nummer drei. Also ab jetzt dreifaches Schneckentempo!

Entweder war meine Rechnung nicht ganz richtig, oder die Behörden sind nachlässiger geworden; nach nicht mal einer halben Stunde sind wir dran. Pass und Einreiseformular vom Schiff in der Hand, werde ich von Traudl vorgeschickt. Stumm lege ich die Sachen auf den Sims zwischen mir und einem Herrn in Uniform und vor allem mit einem Hut, der dank seiner Breite auch perfekt bei Starkregen einen Schirm ersetzen könnte. Soll ich es mal versuchen? Was wird dann wohl passieren? Werde ich gleich verhaftet

oder wird mir nur die Einreise verweigert? Egal – ich
werde es probieren: ich lächle den Beamten an. Reaktion,
Fehlanzeige! Auch gut, zumindest komme ich nach einer
intensiven Passinspektion und ohne ein Wort zu verlieren,
durch die Sperre. Meine Frau folgt mir nur wenige Augen-
blicke später aus der Halle und zu den wartenden Bussen.
Für uns ist Bus Nummer sieben vorgesehen und wir steigen in einen Bus aus dem vorigen Jahrhundert ein.

Eine russische Studentin begrüßt uns in fast makellosem
Deutsch; sie wird uns heute den ganzen Tag begleiten.
Während wir nun an den Plattenbauten und einigen Beton-
klötzen mit stalinistischen Ausmaßen vorbeifahren, erfahren wir vieles über die Geschichte Sankt Petersburgs, dem
früheren Leningrad und noch früheren Petrograd. Fünf
Millionen Einwohner machen die Stadt an der Newa zur
viertgrößten Stadt Europas und der zweitgrößten Russ-
lands, gleich hinter Moskau. Unser erster Stopp wird an
den ‚Rostra-Säulen‘ sein, an der Gabelung der Newa in
ihre Mündungsarme. Von hier haben wir einen weiten
Blick über den Fluss auf die Eremitage, auf die Peter-und-
Paul-Festung, und zurzeit leider auch auf den Regen, der
die ganze Aussicht mit einem grauen Schleier weniger at-
traktiv macht. Bei Sonnenschein müssen die bunten Farben der Prunkgebäude und die goldenen Kuppeln der vielen Kirchen und Türme ein tolles Fotomotiv sein, heute
schieße ich aber nur wenige Erinnerungsfotos. Wetterbe-
dingt sammelt sich unsere Gruppe schon vorpünktlich
wieder im Bus.

links: St.Petersburg, Katharinenpalast   rechts: MS Artania, Eisskulptur

unten: St.Petersburg, Winterpalast (Eremitage)

oben: Tallin   unten: Tallin, Kadriorg-Palast

links: Riga, Schwarzhäupterhaus   rechts: Riga, Jugendstilhaus
unten: Danzig, Artushof

links: Stralsund, Nikolaikirche   rechts: Stralsund, Gorch Fock

unten: Abschied von der Ostsee

Weiter geht es zu einer besonders schönen russisch-ortho-
doxen Kirche in weiß und blau und mit goldenen Kuppeln,
der Nikolaus-Marine-Kathedrale. Als wir aussteigen, können wir die Begeisterung aber nicht so ganz teilen; es regnet noch immer! Jeder ist daher nur darauf aus, so schnell
wie möglich in die Kirche und damit ins Trockene zu kommen. Für den Innenraum ist wenig vom Glanz der Außen-
fassade übriggeblieben; hier müssen wir zwar nicht im Regen stehen, drängen aber auch bald wieder nach draußen.
Außerdem ist gerade der nächste Bus mit Artania-Gästen
vorgefahren, und da wird es im Innern der Kirche schnell
etwas eng. Aber, oh Wunder, der Himmel hat doch ein
Einsehen mit uns und hat seine Wasserflut gestoppt. Zwischen den Pfützen hindurch kann ich nun doch noch ein
paar gute Standorte für schöne Aufnahmen finden. Jetzt
erst sehen wir, dass zu der Anlage auch noch einige separat
stehende Türme in gleicher reicher Ausstattung wie die
Kirche mit ihren Kuppeln selbst gehören. Für unsere
nächste Besichtigung sind wir noch etwas zu früh dran.
Daher werden wir in einem Kunstgeschäft geparkt, in dem
es auch wirklich schöne Dinge zu ebenso ‚schönen' Prei-
sen zu kaufen gibt. Von der einfachen fünfteiligen Mat-
ruschka bis hin zu Exemplaren aus 20 und mehr Schichten,
von eindrucksvollen Edelsteinen bis zu einer großen Auswahl an sehr aufwändig nachgebauten Fabergé-Eiern wird
alles angeboten. Am besten ist jedoch der heiße, kosten-
lose Tee in diesem Geschäft!

St. Petersburg mit Sonne

Wir bekommen langsam mit, dass unser ganzer Ausflug auf die Minute durchgeplant ist. Denn plötzlich trommelt uns unsere russische Reiseleitung alle wieder zusammen, und wir fahren mit dem Bus nur einen Block weiter, bevor er uns vor einer total bunten Kirche ausspuckt. Die Farbenpracht vor allem der Kuppeln erinnert uns eher an ein Gebäude von Hundertwasser als an eine orthodoxe Kirche. „Ist schon fast kitschig!" ist die einhellige Meinung unserer Mitreisenden, aber ich finde sie dadurch besonders fotogen. „Die Auferstehungskirche heißt im Volksmund auch Blutkirche, da hier 1881 Zar Alexander II. einem Attentat zum Opfer fiel." wird uns erklärt, während wir ins Dunkel gehaltene Innere vordringen. Auch dort sind die Wände überall bis einschließlich der Decke mit riesigen Heiligenbildern und bunten Mosaiken geschmückt, wobei auch eine Unmenge an Gold verwendete wurde.

Nach einer kurzen Andacht treten wir wieder ins Freie. Und siehe da, mein Stoßgebet für schöneres Wetter hat Erfolg gebracht; inzwischen scheint die Sonne nochmal zwischen den Wolken hindurch. Also noch schnell ein paar Aufnahmen geschossen, und dann ein suchender Blick nach unserer Gruppe. Mitten aus der Menschenmenge neben der Kirche winkt meine Frau zu mir herüber, und ich finde den Anschluss wieder.

Nach nur kurzem Aufenthalt sitzen wir wieder im Bus, um ein paar Straßen weiter für die mittägliche Speisung in eines der großen Stadthäuser geführt zu werden. Von außen zwar nicht sehr ansprechend, entpuppt sich das Gebäude aber innen als Prachtpalais mit großer Treppe und einem riesigen und hohen Ballsaal mit sieben bis acht Meter hohen Marmorsäulen an den Seiten. Die Decken und Wände sind in dezenten hellen Farben gehalten, und dazwischen prangen immer wieder Gemälde in einer 3-D-Technik, die die dargestellten Figuren plastisch wirken lassen, als ob sie Marmorreliefs wären. Der ganze Saal ist mit großen runden Tischen ausstaffiert; jeder ist für etwa 10 Personen und sogar mit Kerzen eingedeckt. Offensichtlich finden sich auch noch die anderen Ausflugsbusse der Artania hier ein, denn der Raum füllt sich immer mehr. Freundliche Ober und Kellnerinnen – Oberinnen wäre wohl ein unpassender Ausdruck – versorgen uns mit ‚Borschtsch‘, einem ‚Bœuf Stroganoff‘ und einer namenlosen Creme als Nachtisch; ein klassisch-russisches Menü eben.

Unsere Russin hat uns noch eine kleine Verschnaufpause nach dem Essen gegönnt, jetzt geht es aber fast im Eilschritt weiter, natürlich per Bus. Wir halten direkt neben der Newa und kurz vor einem Hintereingang der Eremitage. „Wir müssen pünktlich um 13 Uhr 45 am Eingang sein, sonst kommen wir nicht hinein!" mit dieser Aufforderung klettern wir aus dem Bus und stehen mal wieder im Regen. Schirme gehen auf, und ich ziehe meine Kapuze über den Kopf. Am spärlich überdachten Eingang steht bereits eine Traube von Menschen, unsere Anführerin leitet uns aber mitten durch die Leute hindurch und in das Innere des Gebäudes. Praktisch ohne Wartezeit haben wir es in die weltberühmte Eremitage geschafft! Jacken, Schirme und andere sperrige Dinge müssen an der Garderobe abgegeben werden, und das restliche Handgepäck wird mal wieder durchleuchtet. Als die örtliche Reiseleiterin wieder zu uns stößt erklärt sie, dass sie sich die Route für unsere Führung abholen musste, denn die vielen Besucher sollen sich in den weitläufigen Gebäuden und Ausstellungen gleichmäßig verteilen. Also nicht nur der Zeitplan ist minutiös für uns erstellt, sogar wann wir welche Räume der Eremitage besichtigen dürfen. Alle Achtung, das nenne ich eine straffe Organisation!

Obwohl dieser ehemalige Winterpalast und die verbundenen Gebäude mehr als 350 Räume aufweisen, die alle mit Kunstwerken vollgestopft sind, können nur etwa 10 Prozent der vorhandenen Schätze gezeigt werden. Der Rest schlummert in Kellern und wartet darauf, mal für einen Ausstellungswechsel aufgeweckt zu werden. Man schleust uns durch lange Gemäldegalerien und an großen Skulpturen aus Marmor oder aus Malachit und ähnlichen Steinen vorbei. Dabei wären schon allein der Prunk der Räume und die breiten Treppenaufgänge mit ihren reichen Verzierungen eine Besichtigung wert. Da Vinci, Tintoretto, El Greco, Goya, Rubens, Rembrandt; langsam schwirrt mir der Kopf vor so vielen berühmten Namen. Erstaunlicherweise darf man hier sogar fotografieren; zwar ohne Blitz, aber die Räume sind hell genug. Wo in anderen Museen die teuersten Kunstwerke nur hinter Schutzglas und in abgedunkelten Sälen gezeigt werden, hängen sie hier einfach an den Wänden im Tageslicht. Voller Eindrücke und nach einigen Kilometern zu Fuß durch die Eremitage nähern wir uns schließlich wieder dem Ausgang, nicht ohne zuvor unsere Mäntel und Schirme abzuholen.

Der Weg zurück zum Hafen ist nicht sehr weit, führt uns aber wieder an den trostlosen Plattenbauten vorbei. Welch großer Kontrast zum Prunk der Paläste! Auch die bekannte Abfertigungshalle passt in diese Gegend. Ob man uns jetzt unbehelligt aufs Schiff zurück lässt? Keineswegs! Die stoischen Beamten warten nur auf uns und prüfen auch jetzt die Pässe und unsere Tagesvisa aufs Genaueste. Unser Vorteil ist, dass unser Bus im Moment der einzige ist, der zur Abfertigung gekommen ist. So ist die ganze Prozedur in etwa zehn Minuten überstanden, und wir können endlich wieder an Bord gehen.

Bis zu unserem gebuchten Abendausflug sind es noch eineinhalb Stunden. Das muss für ein Abendessen reichen, heute mal im Restaurant ‚Vier Jahreszeiten‘; wir haben ja freie Restaurant- und Tischwahl. Eine kleine Erholung auf der Kabine ist dann sogar auch noch drin.

St. Petersburg am Abend

Vielleicht war die Buchung des Abendausflugs zusätzlich zum Ganztagsausflug doch etwas optimistisch gedacht. Unsere Füße geben uns zumindest schon deutliche Signale, dass eine längere Ruhepause angebracht wäre. „Aber wie oft im Leben kommen wir noch nach Sankt Petersburg?" Diese Frage stellten wir uns bei der Buchung der Ausflüge vor zwei Monaten, und sie bringt uns auch heute wieder auf die Beine. Da wir unser Einreiseformular aufgehoben haben, werden uns die Behörden ja schon kennen. Mit dieser Hoffnung betreten wir die große Abfertigungshalle, werden aber gleich enttäuscht. Ein einziger Schalter ist geöffnet, und die Überprüfung läuft genauso akribisch ab wie heute Morgen. Einziger Vorteil ist, dass jetzt anscheinend nur ein Bus für den Abendausflug gefüllt werden muss. Lächeln hat ja nichts gebracht, dann versuche ich es heute mal mit einem „Spasiba!" Der Erfolg ist gleich Null; kein Wort, nicht mal eine kleine Reaktion seitens der Riesenmütze, die jetzt auf dem Kopf einer stattlichen Dame sitzt.

Die Busfahrt bringt uns mitten in die Stadt an einen der Kanäle. Es hat bis vor Kurzem geregnet, also müssen wir erst mal einen Pfützenlauf absolvieren, um an unser Boot zu kommen. Beiderseits des Kanals begrenzen nahe der Ufer mehrstöckige Stadthäuser die Sicht zum Himmel, und so fällt es uns schwer, die Regenwahrscheinlichkeit abzuschätzen. Jedenfalls setzen wir uns erst mal auf das Oberdeck, das eng mit Plastiksesseln bestuhlt ist. Zur Begrüßung und zum Aufwärmen gibt es ein Glas Sekt, während sich eine zweiköpfige Musikgruppe warmspielt. In der einsetzenden Dämmerung fallen uns jetzt auch die vielfarbigen Beleuchtungen der großen Häuser auf. Wir fahren nur ein kurzes Stück auf dem Kanal, dann biegen wir in die Newa ein. Die Eremitage lassen wir rechts liegen, bevor wir in einen neuen Kanal einbiegen. „Achtung Kopf!" ruft uns gelegentlich einer der Bootbesatzung zu, wenn es geradeso unter einer der vielen Brücken hindurchgeht. „Es fängt wieder an." flüstere ich meiner Frau zu. Aber die anderen Passagiere haben es auch schon bemerkt: Es tröpfelt wieder! Jeder versucht nun so schnell wie möglich in den Innenraum des Kahns zu kommen. Die Qualität der Innenausstattung unseres Rundfahrtbootes kann ohne Probleme mit den billigen Plastikstühlen an Deck mithalten, stelle ich fest. Aber es ist hier unten zumindest trocken und etwas wärmer. Dafür beschlagen sofort alle Scheiben und wir können nur noch erahnen, dass nun wieder rechter Hand ein großer Park zu sehen ist, und etwas später sogar die Nikolaus-Marine-Kirche, die wir heute Vormittag besucht haben. Aber eines ist wenigstens konstant: Hier regnet es immer. Erst kurz bevor wir uns der Anlegestelle und damit dem Ende unserer Bootsfahrt nähern, hört der Regen wieder auf. So kommen wir wenigstens halbwegs trocken zurück in unseren Bus. Nur die Schuhe sind inzwischen dank der größer gewordenen Pfützen durchgeweicht.

Die Prozedur der Abfertigung bei Rückkunft zum Hafen kennen wir jetzt schon; warum sollte sich daran gerade jetzt auch etwas ändern? Wir nähern uns wieder dem einzigen offenen Schalter und – werden fast im Laufschritt durchgewunken. „Was ist denn jetzt passiert?" frage ich ungläubig unsere Ausflugsbegleitung. „Die wollen auch heim!" ist die einleuchtende Antwort.

Dass wir eine Aufwärmung nötig haben werden, hat sich wohl auch der Küchenmeister der Artania gedacht. Der ganze Rezeptionsbereich inklusive des großzügigen Treppenhauses ist in Rot ausgeleuchtet und dekoriert, und überall stehen kleine Häppchen und Getränke herum. Das Thema ist naheliegend: ‚Russischer Abend', und die Angestellten sind auch entsprechend gekleidet. Besonders eindrucksvoll sind die Eisschnitzereien, und davon ist das Highlight eine Vodka-Treppe: ein Eisblock in Form eines gestuften Dreiecks, an dessen Seiten eine Rinne eingearbeitet ist und in die oben ein Schuss Vodka eingekippt wird, der dann am Eis entlang nach unten in ein Glas läuft. Es gibt sogar etwas russischen Kaviar auf kleinen Brötchen! Und natürlich den passenden Sekt. Ein Musiker der Artania-Combo spielt auf einer Balalaika bekannte Melodien. Das ganze Schiff ist fest in russischer Hand!

~.~

Unsere Artania liegt auch morgen noch bis zum Nachmittag im Hafen von Sankt Petersburg. Das ist zwar für Kreuzfahrtschiffe ungewöhnlich, denn die allermeisten planen nur einen Tag hier ein, bietet uns aber die Gelegenheit, noch ein weiteres Stückchen Russland kennenzulernen. Wie schon erwähnt: Wer weiß, ob wir nochmal hierherkommen! Wir haben für morgen einen Ausflug ins südliche Umland eingeplant, genauer gesagt nach Puschkin und zum Katharinenpalast. „Ich freue mich schon auf das Bernsteinzimmer!" stellt meine Gattin bei Durchsicht des Reiseführers fest. „Das ist doch nur eine Nachbildung des seit 1945 verschwundenen Originals!" wende ich ein, bekomme aber gleich ein Kontra: „Aber es ist auch aus Bernstein!" Gut, also keine Nachbildung, sondern ein Nachbau. Ich hoffe nur, dass das Wetter morgen besser mitspielt, denn von meinen heutigen Aufnahmen erfüllen viele nicht meine eigenen Ansprüche an zumindest brauchbare Aufnahmen.

„Wann geht es morgen los?" frage ich vorsichtshalber, denn es ist inzwischen schon ziemlich spät für unsere Verhältnisse. „Um 8 Uhr 30 sollen wir schon mit dem Frühstück fertig sein." liest Traudl aus dem Tagesprogramm heraus. „Das heißt, auf 7 Uhr 30 den Wecker stellen." schließe ich daraus, denn morgen Früh weckt uns kein Seegang und kein Motorengeräusch. Die Vorhänge ziehen wir vorsichtshalber zu, denn die ‚Weißen Nächte' sind noch nicht ganz vorbei, und es wird im Sommer auch in den Nachtstunden nicht so recht dunkel.

Bei Zaren und Kaiserinnen

Wecker, Bad, Ankleiden, Frühstück – es läuft inzwischen wie am Schnürchen, und in nicht einmal einer Stunde sind wir reisefertig vor der Atlantik-Show-Lounge. Mit einem „Moment noch!" werden wir erst mal ausgebremst. Auf meinen Hinweis, dass es doch schon 8 Uhr 30 sei, erfahre ich, dass die Abfertigung in der Zollhalle noch nicht besetzt ist und deshalb auch die Ausflüge noch nicht starten können. Also zurück auf Warteposition. Eine Viertelstunde später wird endlich ein Ausflug aufgerufen, aber nicht unserer, sondern der zum Peterhof, der eigentlich schon 20 Minuten vor unserem dran gewesen wäre. Bald danach sind aber auch wir an der Reihe. Die Lounge füllt sich mit Reisenden, die alle zum Bernsteinzimmer wollen. Wir zählen insgesamt sechs Busse, die mit gleichem Ziel aufbrechen werden. Mir graut aber erst mal vor der Abfertigung durch die Behörden wegen der vielen Ausflügler, die nun alle auf einmal den geheiligten russischen Staat betreten wollen. Heute ist es aber gar nicht so schlimm; mindestens sechs Abfertigungsstellen sind geöffnet und wir haben hier auch schon Schlimmeres erlebt.

Wir fahren etwa eine halbe Stunde bis Puschkin (Ort, nicht Schnaps!) und werden an einer Parkanlage ausgesetzt. Schirm oder nicht Schirm, das ist jetzt die Frage! Der Himmel ist stark durchwachsen, aber wir entscheiden uns für Optimismus. Der Weg durch die Anlage ist kurz, und wir betreten das Heiligtum der Kaiserinnen Katharina I und II und diverser anderer Kaiser/Kaiserinnen oder Zaren/Zarinnen. Der Palast ist lang, sehr lang, und in den typischen Farben hell- bis türkisblau und weiß gestrichen. Mit goldenen Ornamenten wurde nicht gespart, und ebensolche Spitzen und Kuppeln ragen über das Schloss hinaus. Am Eingang dürfen wir wieder Mäntel, Schirme und Taschen abgeben und bekommen eine lokale Führerin zugeteilt. Ihr erster Vortrag handelt von der Geschichte des Gebäudes, in dem wir uns nun befinden. Kaiserin Katharina I hat wohl zu Beginn des 18.Jahrhundert erstmals hier ein Steingebäude errichten lassen, dass im Laufe der Jahrzehnte immer weiter ausgebaut wurde. Am Ende des zweiten Weltkriegs wurde das gesamte Gebäude bis auf die Grundmauern zerstört, aber bald danach wieder originalgetreu aufgebaut. Ähnlich wie in der Eremitage, werden wir auch durch endlose Prunkräume und über breite Treppen geführt. Allerdings dominieren hier nicht die Gemälde, sondern eher kostbare Einrichtungsgegenstände und die sehr aufwändigen Stuckarbeiten.

Kurz vor Ende des Rundgangs steht nun noch der Höhepunkt bevor, das Bernsteinzimmer. Auch hier müssen wir uns erst einen Vortrag über seine Geschichte und vor allem über sein mysteriöses Verschwinden anhören, das bis heute nicht aufgeklärt werden konnte. Fotografieren im Bernsteinzimmer verboten! Also versuche ich noch schnell durch die Türe ins Allerheiligste hinein einen Schnappschuss zu machen. Dann dürfen wir in den kleinen aber feinen Raum, werden aber durch die Menschenmasse hinter uns gleichsam hindurchgeschoben. „Eindrucksvoll ist das schon, aber schön eigentlich nicht gerade!" meine ich beim Verlassen zu meiner Frau. „Kunstbanause!" ist ihre knappe Antwort, aber ich bleibe dabei: Ich möchte darin nicht wohnen. Interessanter finde ich da schon die Ausstellungsstücke im angrenzenden Museumsshop. Was da alles aus Bernstein hergestellt wurde: Schachspiele, Motivuhren, Bilder, die aus dünnen Bernsteinplättchen zusammengesetzt sind, Schmuckkästchen und natürlich auch jede Art von Schmuck. Vieles davon kann man auch kaufen; könnte man, wenn man zuhause das passende Schloss dazu hätte. Die Preise in Rubel haben zudem erschreckend viele Nullen!

Wir folgen unserer Anführerin in den weitläufigen Schlosspark und haben die Gelegenheit, einige weitere Gebäude der Palastanlage zumindest von außen zu sehen. Die ‚Kleine Eremitage' ist ein übergroßer Pavillon im gleichen Stil wie das Schloss selbst. In ihm sei ein Esstisch, der mittels Kurbeln und Seilzügen durch den Boden vom Keller in den Speisesaal und wieder zurück transportiert werden konnte. Nach dem opulenten Mahl wurde so der gleiche Raum in einen Tanzsaal verwandelt. „Das hat unser König Ludwig im Schloss Hohenschwangau auch schon gehabt!" spiele ich dieses Wunderwerk etwas herunter; meinen Kommentar nimmt aber niemand zur Kenntnis.

Die Sonne hat sich heute zwar lange ausgeruht, jetzt hat sie sich aber doch dazu aufgerafft, die Goldkuppel und das ganze Schloss fotogen strahlen zu lassen. Auch die Steinfiguren im Park sowie die Grünanlage selbst sind mir dann doch ein paar Außenaufnahmen wert.

20 Minuten Freizeit, dann geht es wieder zum Bus zurück. Dieser fährt uns an den Prachtvillen der höhergestellten Russen vorbei, wobei ich mir darunter etwas anderes vorgestellt hätte. Denn es sind alles reine Holzhäuser, mehrstöckig zwar und schön bunt mit vielen Verzierungen, sowie mit sauberen kleinen Gärtchen.

Rechtzeitig zum Mittagessen kehren wir zum Hafen zurück und geben nun bei der Kontrolle unser Visum endgültig ab. „Do svidaniya, Russland!"

Der Himmel ist nun sogar wolkenlos, so dass wir unseren Verdauungsspaziergang ausgiebig an Deck machen können. Auch die Trainingsgeräte am Achterdeck verlocken zu einigen Übungen; Traudl an der Beinschwinge, ich am Crosstrainer, alles wird fotografiert. Auch die Baustellen in Hafennähe leuchten im Sonnenlicht und laden zu einigen Aufnahmen ein.

In zwei Jahren ist die Fußball-WM, bis dahin soll alles fertig sein. Da ist noch eine Menge zu tun!

Noch ein Palast

Am späten Nachmittag gibt unser Kapitän das Zeichen zum Ablegen, dreimal Tuuuut. Wir versuchen auf unserer Backbordseite vielleicht etwas vom berühmten Peterhof zu sehen, für den die Zeit in Sankt Petersburg nicht mehr gereicht hat; aber wir fahren nicht nah genug am Ufer. Dafür taucht vor uns nun im Gegenlicht Kronstadt auf, das wir auf dem Hinweg verschlafen hatten. Auch hier soll es eine sehenswerte Kirche und eine ganze Reihe von Befestigungsanlagen geben. Tatsächlich entdecken wir auf den verstreuten Inselchen fast überall ein Fort und auf der größeren Insel leuchtet uns der Marine-Dom mit seiner goldenen Kuppel entgegen, sobald wir auf seiner Höhe sind. „Gleich passieren wir die Sperre!" mache ich meine Frau auf das technische Meisterwerk aufmerksam. Rechts und links der schmalen Durchfahrt können wir die großen Stahlsektoren erkennen, die, wenn sie in die Fahrrinne gedreht werden, bei drohendem Hochwasser die Stadt Sankt Petersburg vor den Wassermassen schützen sollen.

Nach dem Abendessen steht heute eine ABBA-Show auf dem Programm. In Erinnerung an unsere Jugendzeit darf uns diese Attraktion nicht entgehen! Mit alkoholfreiem Tagescocktail beziehungsweise einem Pils genießen wir die vielen bekannten Melodien, die die Showtruppe der Artania schwungvoll auf die Bühne bringt. Dann ist für uns aber Zeit für die Kabine; Tagebuch schreiben und Fotos durchschauen. Morgen steht uns ja schon wieder ein Ausflug bevor, diesmal in Tallin, und sogar wieder ein Schloss.

~.~

Als ich den Vorhang zur Seite schiebe blicke ich direkt auf ein paar Verladekräne, die langsam an unserem Balkon vorbeiziehen. „Wir sind schon in Tallin." So schnell habe ich meine Frau noch selten aus den Federn bekommen! Natürlich will sie auch sehen, ob es in Estland anders aussieht als in Russland oder einem der anderen Häfen unserer Reise. Einige Kirchen ragen mit ihren spitzen Türmen über die Hallen und Häuser heraus, aber der goldene Glanz von Sankt Petersburg fehlt. Nachdem wir dem Kapitän bei seinem Anlegemanöver hilfreich zur Seite gestanden sind, lassen wir uns heute mehr Zeit, denn unser Ausflug ist erst für 9 Uhr angesetzt. Ausreichend am Buffet im Restaurant ‚Vier Jahreszeiten' gestärkt, sind wir nun bereit zur Ortserkundung, die mit einem Altstadtrundgang beginnen soll.

Welch ein Unterschied! Wir verlassen das Schiff, steigen in einen der bereitstehenden Busse und fahren ab. Wo sind die Sicherheitskontrollen? Wo ist der mürrische Immigrationsoffizier? Und wo, vor allem, die lange Wartezeit, bis wir endlich unter strenger Aufsicht die Stadt betreten dürfen? Die EU ist schon eine tolle Einrichtung! Auf der Anhöhe, die die Altstadt von der Neustadt trennt, steigen wir aus und vermuten uns doch noch in Russland. Wir stehen vor einer orthodoxen Kirche wie wir sie auch gestern und vorgestern gesehen haben, nur die Kuppeln sind schwarz statt golden. Aber im Innern beherrscht Gold die Wände, unterbrochen von bunten Mosaiken und Ikonen. Nach der russischen Kirche kommen wir an einer ehemals dänischen Befestigung vorbei, einem deutsch klingenden Straßennamen und einem schwedischen Café; alle Besatzungsmächte haben irgendwo ihre Spuren hinterlassen, bevor 1991 Estland endlich eine eigenständige Republik wurde. Wir hören viel Geschichte auf unserem Rundgang, die Jahreszahlen schwirren uns durch die Köpfe und sorgen dafür, dass wir gar keinen Versuch unternehmen, sie uns zu merken.

Per Bus fahren wir nach Kadriorg am Stadtrand von Tallin und schlendern durch einen schönen Park mit allerlei modernen Kunstwerken an Land und schwimmend in einem kleinen See. Vorbei an einem Café mit dem deutschen Namen ,Katharinenthal' stehen wir bald vor dem Kadriorg-Palast, einem Schlösschen ganz in rot und weiß. In Sachen Größe kann es zwar mit dem Katharinen-Palast in Puschkin nicht mithalten, aber an Ausstattung steht es dem in nichts nach. Vor allem die kostbaren Porzellanvasen und -uhren verlocken mich zu mehreren Aufnahmen. Wir erfahren, dass Zar Peter der Große das Schlösschen während der russischen Besatzungszeit hatte erbauen und nach seiner zweiten Frau Katharina I. benennen lassen. Darum finden sich auch überall im Schloss die Initialen P und E. „Warum E und nicht K?" fragt jemand aus unserer Gruppe. „Weil Katharina auf Russisch Ekaterina oder auch Ekatharina heißt!" ist die einfache aber einleuchtende Antwort. Wir verlassen das Prachtgebäude und haben noch Freizeit, uns den Park in aller Ruhe anzuschauen. Die Blumenrabatten sind herrlich gepflegt, und ein paar ebenmäßig geschnittene Bäumchen spenden Schatten. Aber es geht trotz Sonne ein kühler Wind, und wir zwängen uns in die wenigen windstillen Ecken. „Ich könnte doch mal zuhause anrufen!?" fällt meiner Gattin ein, um die Wartezeit bis zur Rückfahrt zu nutzen. Per Handy wird in Erfahrung gebracht, dass daheim alles seinen geregelten Gang geht und sogar schon die erste Karte aus Schweden angekommen ist. „Na bitte, wenn etwas Besonderes wäre, hätten wir es sicher schon erfahren!" meine ich, um Traudls Besorgnis zu zerstreuen, weiß aber aus eigener Erfahrung, dass das auch nicht immer klappt.

Wir sind pünktlich am Sammelplatz, nur ein Herr fehlt noch. Mit ein paar Minuten Verspätung kommt er dann doch noch angehechelt; er hatte seinen Schirm an der Garderobe vergessen abzuholen. Warum muss er auch bei Sonnenschein einen Schirm mitnehmen?

Rechtzeitig zum Mittagessen sind wir wieder an Bord. Nicht, dass wir permanent am Verhungern sind, aber die Essenszeiten sind an Bord wichtige Richtlinien für die Ausflüge und für einige Veranstaltungen; es soll ja auch niemand zu kurz kommen.

Ruhe vor dem Sturm

In unserer Kabine wartet die zweiseitige ‚Tageszeitung' auf uns und berichtet über das Weltgeschehen und speziell darüber, was in Deutschland so vor sich geht. Neben politischen Streitigkeiten und den neuesten Sportergebnissen findet der Wetterbericht meine Aufmerksamkeit. „Zuhause soll es heute über 30 Grad warm werden!" berichte ich meiner Gattin. Sie legt die Stirn in Falten und meint: „Der arme Garten, hoffentlich gießen die Nachbarn gründlich." Dann finde ich aber auch noch ein Kuvert auf unserem Schreibtischchen. Darin liegt ein Kärtchen mit einer Einladung. „Heute Nachmittag sind wir zu einer Brückenführung eingeladen!" verkünde ich grinsend, denn als Ingenieur interessiert mich natürlich alles, was auf der Brücke geschieht. Auch dies ist eine Sonderaktion für Gold- und Silberpassagiere, entnehme ich dem Schreiben.

Nach dem Essen bleibt nicht viel Zeit bis zur Brückenführung. Wir finden uns zur angegebenen Zeit auf dem obersten Deck ein, zusammen mit vielleicht 100 anderen Interessenten. Ein Streifenhörnchen mit zwei Streifen erscheint über die Außentreppe und erklärt uns kurz, wie die Tour ablaufen sollte: Hinter den rotweißen Absperrbändern bleiben, keine Tasten oder Hebel berühren, nur diejenigen Offiziere oder Brückenmitarbeiter ansprechen, die auch diesseits der Absperrung sind und möglichst nicht lange stehen bleiben sondern zügig durchgehen, damit die nächsten Neugierigen auch auf die Brücke kommen. Mehr als zehn Personen dürfen nämlich nicht gleichzeitig in die Kommandozentrale des Schiffs.

Brav warten wir die ersten zwei Gruppen ab, dann sind wir an der Reihe. Die Außentreppe hinunter und durch eine kleine Gittertüre hindurch kommen wir auf die Backbord-Nock, den Außensteuerstand, der sonst nur den Brücken-offizieren vorbehalten ist. Dann geht es hinein ins Aller-heiligste! Zwei Radargeräte blinken vor sich hin, und sonst stehen vor uns und hängen über uns verschiedene Anzei-gen. „Wir fahren gerade mit 17 Knoten und auf drei Ma-schinen." erläutert eine Dame in Weiß und mit einem Streifen je Schulterklappe, als ich zusammen mit Traudl die Anzeige über uns studiere. Daneben zeigt eine Anzeige auf 265, das könnte die Richtung sein, denn wir fahren un-gefähr Richtung Westen. Der Kompass unter einer Glas-haube vor uns bestätigt die Vermutung. Die vielen Instru-mente zeigen an, dass wohl alle Werte im Normalbereich sind und die Seitenstrahlruder auf Mitte stehen. „Wieso bewegen sich die Steuerhebel wie von Geisterhand?" will nun meine Frau wissen und sie erfährt, dass der Rudergän-ger am zweiten Steuerstand gerade etwas Gas gegeben hat. Langsam sind wir inzwischen über die ganze Brücke ge-schlichen und auf der Steuerbordseite wieder auf die Nock gekommen. Von dort geht es auf die gleiche Außentreppe, und wir müssen uns schon ganz gut festhalten, denn der Wind hat deutlich an Stärke zugenommen.

Statt nach oben gehen wir aber ein Deck nach unten auf das Jupiterdeck, denn hier ist unsere Kabine, und wir kennen inzwischen den direkten Weg durch die Schiffsbibliothek von der kleinen Bugterrasse direkt in unseren Flur. Zumindest haben wir es uns so vorgestellt, denn diesen Weg sind wir in den letzten Tagen schon x-mal gegangen. Als wir jedoch auf der Terrasse ankommen, können wir uns kaum mehr festhalten. Ich umklammere meinen Fotoapparat in der Hoffnung, dass mir nicht die Objektivabdeckung davonfliegt. Traudl klammert sich an der Brüstung fest und zieht sich langsam nach vorne, denn der Eingang zur Bücherei ist auf der anderen Schiffsseite. Es bläst ein Sturm, wie wir ihn kaum jemals erlebt haben! Erst in der Mitte des Schiffs schwächt sich der Wind etwas ab, und wir bleiben fassungslos an die Wand gelehnt stehen. „Das muss ich fotografieren, sonst glaubt uns das niemand!" Aber wie fotografiert man Wind, vor allem wenn er ein ausgewachsener Sturm ist? „Stell dich doch nochmal gegen den Wind!" fordere ich daher meine Frau auf. Nach einer kurzen Überlegung lässt sie sich dann überreden und schreitet tapfer nochmal auf die stürmische Seite. Mit einer Schräglage von mindestens 30 Grad stemmt sie sich gegen den Wind und lässt sogar kurzzeitig die Brüstung los. Mit einer festen Umklammerung drücke ich zwei-, dreimal ab und verstaue die Kamera dann schnell wieder unter meiner Jacke. „Jetzt aber ab nach drinnen!" Ruft mir meine Gattin überflüssigerweise zu. Allerdings hat das die Tür wohl nicht gehört. Sie wehrt sich hartnäckig, bei dem gegen sie drückenden Wind aufzugehen. Nur zu zweit schaffen wir es, den Widerstand zu brechen. Total zerzaust fallen wir schließlich in der Kabine auf die Betten und müssen uns erst einmal erholen. Auf dem Display meiner Kamera suche ich mir die Fotos von eben her, denn ich bin mir nicht so ganz sicher, dass ich die Kamera auch in die korrekte Richtung gehalten habe; durchschauen war überhaupt nicht möglich gewesen. Aber es sind doch ganz eindrucksvolle Aufnahmen dabei. Die Frage ist nur: Liegt das Schiff so schief oder kann Traudl nicht mehr gerade stehen? Wir lachen beide über die Fotos.

~.~

Heute Abend tritt nochmal die Harfenspielerin auf. Da wir ihr Konzert schon einmal gehört haben, gehen wir lieber in die Panorama-Lounge und genießen den Sonnenuntergang. Der Wind hat sich wieder etwas beruhigt, und zwischen den Wolkenschichten leuchtet die Sonne immer wieder hindurch. Einen Cocktail gönnen wir uns natürlich auch hier, je einen alkoholfreien und einen mit Geist. Um 9 Uhr abends beginnt dann der Pianist mit einem Medley alter amerikanischer Schlager, und einige Pärchen tanzen dazu. Wir schauen uns fragend an und entscheiden aber, unsere Getränke nicht alleine am Tisch zurücklassen zu wollen. „Was weißt du von Riga?" will Traudl von mir wissen. Gut, dass es die Hauptstadt von Lettland ist, hat sich sogar bis zu mir rumgesprochen. „Frag mich doch morgen nochmal!" gebe ich aber zur Antwort, in der Hoffnung, dann nach unserem Ausflug ein bisschen mehr zu wissen.

Jugendstil pur

Riga. Unsere Artania gleitet an endlosen Hafenanlagen vorbei. Jede Menge Kräne säumen die letzten Kilometer des Flusses Düna, denn Riga liegt mindestens zehn Kilometer flussaufwärts von seiner Mündung entfernt. Hinter den Kränen lagern riesige Berge von Kohlen; wohl ein Rohstoff, der in erster Linie in die Welt verschifft wird. Wir können schon die Kirchtürme von Riga sehen und kommen auch einer großen Brücke über die Düna immer näher. „Da passen wir doch niemals durch!" schätzt meine Gattin, und der Kapitän scheint der gleichen Meinung zu sein, denn unmittelbar vor selbiger Brücke kommt unser Schiff an der Stadtseite zu liegen. Von hier könnten wir locker die Stadt zu Fuß erkunden, aber wir haben ja einen Stadtrundgang mit dem Bus (nanu?) gebucht. Es ist eben doch ein bisschen schwierig, eine fremde Stadt in wenigen Stunden ohne ortskundige Führung kennenzulernen.

Das Prozedere der Ausflugsabwicklung beherrschen wir jetzt schon wie im Schlaf. Heute sind es nicht so viele Busse wie in Russland, und so sind wir schon bald auf der Pier und finden in unserem Bus Nummer 2 einen schönen Platz. Von unserer Bordbegleitung wird uns die lettische Reiseführerin vorgestellt, die auch gleich mit dem üblichen Vortrag über Geschichte und Lage der Stadt beginnt. Viel Zeit hat sie dazu nicht, denn in wenigen Minuten sind wir bereits an einem Park in einem Stadtviertel, das für seine Jugendstilgebäude bekannt sei. Während wir ein paar Straßen entlanggeführt werden, zeigt uns die Leiterin viele Gebäude, die mit verschiedensten Figuren und Ornamenten versehen sind, eben typisch Jugendstil. „Der russische Jugendstil-Architekt Michail Eisenstein wurde 1893 Baustadtrat in Riga und ließ allein rund 50 Häuser mit verschwenderisch gestalteten Fassaden bauen. Heute zählt man hier um die 800 Gebäude im Jugendstil." hören wir, und das sei die größte Ansammlung von Häusern im Jugendstil weltweit! Oft bleiben wir stehen und staunen über die Pracht der vier- und fünfstöckigen Gebäude. Die ersten Aufnahmen, die ich in den letzten zehn Minuten mit meiner Kamera gemacht habe, kann ich jetzt aber gleich wieder löschen, denn nun kommt die Sonne hinter den Wolken hervor, und ich mache einen Teil der Fotos nochmal, diesmal aber mit besserem Licht. „Schau, das Türmchen möchte ich auch haben!" damit deutet Traudl auf ein Eckhaus, das – ganz im Jugendstil – einen reich verzierten Turm mit umlaufenden Fenstern aufgesetzt bekommen hat; maximal groß genug, um einen kleinen Tisch hineinzustellen. Meine Frau träumt immer von Häusern mit Türmen oder zumindest Erkern. Wir lassen es vorläufig bei ihrem Wunsch und ihren Träumen.

Wir spazieren weiter über einen kleinen Platz, der vollständig mit winzigen blumengeschmückten Kunstläden, Cafés und Imbissständen zugepflastert ist. Dazwischen immer wieder ‚Kunstobjekte' aus Stein oder Metall, von denen sich oft nur schwer erraten lässt, was sie darstellen sollen. Jedenfalls sind sie schön bunt. Nach etwas Freizeit in diesem farbenfrohen Gewirr, die einige unserer Gruppe zu einer kurzen Kaffeepause nutzen, folgen wir unserer Anführerin zur nächsten Sehenswürdigkeit, den ‚Schwarzhäupterhäusern'. Das filigran verzierte Gebäude mit Statuen, die auch ‚maximalpigmentierte' Einheimische des afrikanischen Kontinents darstellen, schmückt in beeindruckender Pracht wieder den Rathausplatz seit es anlässlich der 800-Jahr-Feier 1999 wieder nachgebaut wurde. Früher war es Sitz vieler Kaufleute, die eben mit den dunkelhäutigen Völkern Handel trieben, bis es im Krieg zerstört wurde.

Als wir weitergehen stutze ich doch: „Was machen denn die Bremer Stadtmusikanten hier?" Die vier berühmten Tiere spähen übereinander durch einen Schlitz im ‚Eisernen Vorhang', ein Geschenk von Rigas Partnerstadt Bremen, wie man uns erklärt.

Den Abschluss unserer Stadtführung machen wir an der ‚Petrikirche', einer großen, dreischiffigen Basilika. Innen ist sie zwar recht schlicht, aber dafür hat sie sehr schöne bunte Glasfenster. Leider ist die Orgel komplett verhüllt, denn sie wird gerade renoviert. Dafür sind die Säulen des Kreuzgangs mit ihren interessanten Schattenbildern wieder einige Aufnahmen wert.

Eine Straße weiter wartet unser Bus. Wir fahren durch die Randgebiete Rigas und sehen im Vorbeifahren noch einige schöne Bauwerke wie den Bahnhof und eine weitere große Kirche. Am meisten bedaure ich als Hobbykoch, dass in

Hafennähe kein Stopp mehr eingelegt werden kann; hier sind die großen Markthallen, in denen ganz Riga traditionell aus einer endlosen Auswahl von Gemüse, Fischen, Fleisch und allem anderen, was das Herz begehrt, einkauft. Für jede dieser Kategorien gibt es sogar eigene Hallen, also muss das Angebot schon sehr groß sein.

Schließlich erreichen wir wieder unser ‚Zuhause' auf Zeit, natürlich gerade rechtzeitig zum Mittagessen. Nach der Stärkung genießen wir noch eine ganze Weile den Ausblick vom Sonnendeck auf die Stadt und zählen die Autos, die vor uns über die Brücke rauschen. Kurz vor 16 Uhr verabschiedet sich unser Kapitän mit seinem üblichen dreifachen Hupen mit dem Schiffshorn von Riga. Zwischen den Ladekränen an beiden Seiten des Flusses entlang dampfen wir wieder der offenen See entgegen, gefolgt von einem kleinen roten Boot. „Der Lotse wird wohl bis in die Ostsee an Bord bleiben." vermute ich, und so scheint es auch wirklich zu sein; sein Tenderboot fährt brav die ganze Strecke hinter uns her, und erst als wir den letzten Leuchtturm an der Mündung passiert haben, geht es längsseits. Von unserem Balkon aus können wir sogar bestens beobachten, wie der Lotse mit einem schnellen Sprung aus einer Luke unseres Schiffs von einem unteren Deck auf sein Boot wechselt, das sich prompt von der Artania löst und kehrtmacht.

Und wir verdauen erst mal; noch nicht das Abendessen, sondern die vielen Eindrücke aus Riga.

Das große Fressen

Wie fast jeden Abend gibt es heute wieder einen herrlichen Sonnenuntergang. „Da muss das Wetter morgen ja schön werden!" schließt meine Frau daraus. Allerdings sehen wir ihn nur vom Restaurant aus, denn heute ist ein Galabuffet in allen Restaurants angesagt, das wir uns natürlich nicht entgehen lassen wollen. Schon eine Viertelstunde vor der eigentlichen Eröffnung des Buffets werden die Türen zu den Restaurants für Fotografen geöffnet. Anschauen erlaubt, anfassen ist aber noch verboten! Ich bin – wie die meisten der Fotografen – erst einmal baff vor Staunen. Das halbe Lokal ist mit herrlich dekorierten Tischen und Anrichten ausstaffiert, teilweise bis unter die Decke. Hier hängen Fischernetze mit Hummern und Langusten, dort stehen Eisfiguren mit verschiedenen Symbolen und Bauwerken unserer Reise. Dazwischen endlose Platten mit Wurst, Schinken, Pasteten, ganzen Fischen, viel Meeresgetier, komplette Puten und portionsgerechte Teile davon, und so weiter. Es gibt wohl nicht viel, was hier nicht angeboten wird. Dazwischen liegen und stehen auch immer wieder Motivtafeln mit Bildern von Seefahrt oder schlauen Sprüchen – natürlich alles aus Lebensmitteln und zum Verzehr gedacht. Auf anderen Tischen wartet das Nachspeisenbuffet mit Torten aller Art, diversen Eiscreme-Kreationen und viele Sorten Käse. Die meisten Fotos schieße ich von einer Deko aus verschiedenen Obstsorten, die eine kleine vierköpfige Combo darstellt. Von den Instrumenten bis hin zu den Augen der Musiker ist alles detailgetreu nachgebildet. Ich kann mir nicht vorstellen, dass sich jemand an den Bestandteilen vergreifen wird!Endlich darf auch Traudl eintreten, und der Ansturm auf das Buffet geht los. Wie soll man sich da zurückhalten? Ich lasse meine Kamera in der Hosentasche verschwinden und nehme meiner Frau den Teller ab, den sie extra für mich am Eingang mitgenommen hat.

~.~

Ich weiß nicht mehr, wie viele Tellerladungen ich verdrückt habe, jedenfalls kam für mich das angebotene Abendprogramm nicht mehr in Frage. Jetzt liege ich auf meinem Bett und stehe wohl so schnell nicht mehr auf. Den Darbietungen des Zauberers folge ich nur auf dem Bildschirm, denn die Abendveranstaltungen werden immer live im Bordfernsehen übertragen. Das macht aber keinen großen Sinn, denn die Kunststücke sind auf dem kleinen Monitor und der Weitwinkeleinstellung der Kamera fast nicht zu erkennen. „Haben wir was für die Verdauung dabei?" will ich von meiner Gattin wissen. Sie schüttelt den Kopf. Gegen alle möglichen Wehwehchen hat sie etwas eingepackt, aber nichts gegen Völlerei! Sie war natürlich bescheidener und hat daher auch keine Probleme. „Du kannst dich ja bis morgen Mittag im Bett erholen; unser Ausflug in Danzig beginnt erst um 14 Uhr 30." Das also ist die ganze Hilfe. Aber irgendwo bin ich ja auch selbst schuld, aber diese Einsicht kommt wohl etwas zu spät.

Nach einer etwas unruhigen Nacht (Lag es an meinem Bauch oder an einem starken Seegang?) wache ich irgendwann erstaunlich gestärkt auf. Ich bin alleine in unserer Kabine. Nein, nicht ganz; auf dem Schreibtisch liegt noch ein Zettel, der gestern noch nicht da war: „Bin frühstücken, solange es noch etwas gibt." Hoppla, was spricht denn meine Uhr? Gleich halb 10, und das normale Frühstück gibt es nur bis 10 Uhr. So lange habe ich ja schon Ewigkeiten nicht mehr geschlafen! Im Eiltempo mache ich mich fertig und eile im Laufschritt zum ersten Restaurant. Und tatsächlich sitzt da Traudl seelenruhig bei Tee und einem Stück Kuchen am Fenster und rechnet wohl nicht mehr mit meinem Erscheinen. Ich schnappe mir gleich einen Tee und schleiche mich von hinten an „Darf ich mich zu Ihnen setzen?" frage ich brav und sie stutzt erst einmal, dreht sich um und muss dann aber doch lachen. Außer einem bisschen Obst verzichte ich heute aufs Frühstück, mein Körper arbeitet noch an den Resten von gestern!

Das Wetter hat gehalten, was es gestern Abend mit dem Sonnenuntergang versprochen hat. Die Sonne scheint, und kein Wölkchen zeigt sich am Himmel. Da ist ein Rundgang an Deck zur Verdauung obligatorisch. Und da wir an den Trainingsgeräten am Heck vorbeikommen, strampeln wir noch eine zusätzliche Runde; sie auf der Beinschwinge, ich am Crosstrainer. Auf diese Weise aufgewärmt, wagen wir sogar noch ein paar Schläge an der Tischtennisplatte. Komisch, denke ich, bei rund 1000 Passagieren an Bord sind die beiden Platten, genau wie die

Trimmgeräte, doch fast immer verwaist. Die anderen Passagiere scheinen kein großes Bewegungsbedürfnis zu haben. Oder sie wollen zuhause stolz ihr Übergewicht als Beweis für eine tolle Reise vorführen.

Damit das späte Frühstück nicht fast nahtlos ins reichhaltige Mittagessen übergeht, entscheiden wir uns nur noch für eine kleine Salatplatte am Lidodeck. Nebenbei beobachten wir schon, wie unsere Artania langsam mal wieder an Ladekränen vorbeifährt und auf ihren Liegeplatz in Gdingen zusteuert. Wie die meisten Kreuzfahrtschiffe legen auch wir ein paar Kilometer nördlich von Danzig an. „So viele Busse auf einmal hatten wir bisher noch nicht!" stelle ich fest und zähle insgesamt 15 Omnibusse am Kai, die nur auf uns warten. Heute haben wir zirka eine halbe Stunde Verfrühung, und daher noch genügend Zeit, zu Ende zu essen. Sogar für einen Espresso und eine Eiskugel reicht die Zeit noch, bevor wir uns in der Kabine für den Ausflug fertigmachen. Da wir Danzig und seine Sehenswürdigkeiten in der Umgebung schon von einer früheren Busreise durch Polen kennen, haben wir nur den Stadtrundgang gebucht. Aber auch nur, um eine bequeme Transportmöglichkeit Schiff-Danzig zu haben. In der Stadt kennen wir uns selbst gut genug aus, um die für uns interessanten Punkte auf eigene Faust zu finden. Ich möchte unbedingt nochmal in die Markthalle, Traudl hat es in der Frauengasse gut gefallen; nicht etwa, weil sie ,Frauen'-gasse heißt, sondern wegen der vielen Schmuckstände mit Bernstein in allen Formen und Farben.

Das Gold der Ostsee

Von Gdingen nach Gdansk, also Danzig, sind es gut 20 Minuten mit dem Bus. Das liegt aber zumindest teilweise am dichten Verkehr. An einer Parkbucht dürfen wir aussteigen und folgen erstmal unserem Anführer durch eine kleine Gasse direkt zum Hauptplatz mitten im Zentrum der Stadt. Zurück wird es in zweieinhalb Stunden am gleichen Haltepunkt gehen. Damit haben wir genug Information, um uns von der Gruppe auszuklinken. Natürlich müssen auch wir zunächst zum Fluss Motlawa hinunter, denn von dort haben wir den besten Blick auf die Stadt mit dem berühmten Krantor. Allerdings können wir uns fast nicht durch die Menschenmassen hindurchzwängen, denn die Durchgänge sind schmal und viele der Menschen dick. Also suchen wir zunächst mal das wichtigste Ziel, die Frauengasse. „Hier wird man genauso durchgeschoben, dass man fast nichts sehen kann!" jammert meine Gattin, zwängt sich dann doch auf einen der terrassenartigen Vorbauten, Beischläge genannt, auf dem auch zwei Schaukästen mit polierten Steinen in Gelb und Braun, vor allem aber in glänzenden Goldtönen zu Einkäufen locken sollen.

Ich nehme meine Frau etwas zur Seite und flüstere ihr zu „Du weißt doch, dass Bernstein gerne gefälscht wird, vor allem solche Steine mit Einschlüssen!" Und damit will ich sie in erster Linie vor Betrügern warnen, und nicht etwa vom Geldausgeben abhalten – obwohl, warum eigentlich nicht? Es ist laut in der Gasse, und ich muss meine Bedenken noch etwas lauter wiederholen, damit sie sie verstehen kann. Jetzt hat aber doch der Feind auch mitgehört, in diesem Fall eine Verkäuferin. „No, no, wir nur echte Ware anbieten! Kommen in Werkstatt und schauen, ich zeigen, woran erkennen echten Bernstein." Dabei zeigt sie auf die Tür des Hauses gegenüber und beginnt bereits, uns durch den Menschenstrom hindurchzuschieben. Hinter dem Eingang ist es gleich wieder ruhiger. Wir stehen in einem winzigen Verkaufsraum, dessen Auslagen mit kleinen hellen Scheinwerfern ausgeleuchtet sind. Wir sind die einzigen Besucher. Aus einer schmalen Tür im hinteren Bereich kommt uns ein zierlicher Mann entgegen und bittet uns mitzukommen: „Kommen Sie und schauen!" Traudl und ich werfen uns einen kurzen fragenden Blick zu, aber wir folgen dann doch der Aufforderung. In der nun noch kleineren Werkstatt als der Verkaufsraum war, stehen ein paar ebensolche Geräte, die alle etwas von einer Schleifmaschine haben. Der Herr drückt uns zwei braune Steine in die Hände: „Was ist echte Amber?" Rein äußerlich sehe ich keinen Unterschied, beide sind braun, etwas meliert und fast durchsichtig, aber etwas trübe. Wir sollen die Steine in ein kleines Aquariumsbecken werfen. Prompt geht ein Stein unter, der andere schwimmt wieder an die Oberfläche, und der sei der richtige Bernstein. Dann reibt er den echten Stein rasch über seine Hand und hält sie uns abwechselnd unter die Nasen. Es riecht wie ein Tannenbaum. Ob es von seinen schmutzigen Händen kommt, oder vom angewärmten Harz? Und dann reibt er sogar noch etwas vom Stein ab und hält die Späne in eine Flamme. Mit einem gewaltigen Zisch verbrennt der Staub. Aha, das sind wohl alles Tests um festzustellen, ob der Stein wirklich ein Bernstein ist. Den etwas angeriebenen Stein drückt er nun Traudl in die Hand und macht eine Geste, dass sie ihn behalten soll.

Und dann kommt das Unausweichliche: wir werden wieder in den Schauraum geführt, aber natürlich nicht direkt zur Tür, sondern zu den besonders schönen Exemplaren in Form von Ringen, Ketten, Anhängern, Ohrgehängen und vielen anderen Gegenständen. Da wir nicht so recht darauf eingehen, lässt uns schließlich die Verkäuferin, die die ganze Zeit nicht von unserer Seite gewichen ist, auch mal alleine durch das Angebot stöbern. In einer der Wühlkisten entdeckt dann meine Frau doch noch einen tropfenförmigen Stein mit gebohrtem Loch, den sie sich gut als Anhänger vorstellen könnte. „Na, die fünf Euro können wir uns noch leisten!" meine ich großzügig, und mit dem Stückchen Meeresgold verlassen wir den Laden. „Jetzt haben wir gar nicht getestet, ob der Stein auch echt ist." zweifelt meine Gattin plötzlich. Will sie ihn jetzt in Flammen aufgehen lassen? „Die haben nur echte Ware, hat sie uns doch versichert." versuche ich Traudl zu beruhigen.

Beim Weitergehen zwischen den Menschentrauben vor den Ständen mit unzähligen großen und kleinen Bernsteinen kommen mir dann aber in Anbetracht der Menge an Steinen auch leichte Zweifel.

Aber jetzt bin ich dran! Quer durch das halbe Zentrum steuern wir nun die Markthalle an. Da wir jetzt nicht dem Strom der Touristen folgen, ist die Stadt plötzlich fast ausgestorben. Nur ein paar Kinder spielen an einem Brunnen, der ganz in den Fußweg integriert ist. Wer nicht aufpasst, wird von einem Wasserstrahl aus dem Boden voll getroffen; ein Riesenspaß für die Kinder!

Ein paar Straßenecken weiter, und wir sind wieder auf einer Hauptschlagader durch Danzig. Aber nur einen Block weiter sehen wir schon das alte Backsteingebäude, in dem der Markt untergebracht ist. Mir haben es vor allem die Metzgerstände angetan, an denen es Unmengen geräucherter und gekochter Wurst- und Fleischwaren gibt. Die liegen nicht nur in den Theken, sondern hängen auch von der Decke und sogar von den Leuchten verführerisch duftend herab. Ein paar Stände weiter finde ich dann das Geschäft, in dem ich bei unserem letzten und zugleich ersten Besuch in Danzig eingekauft habe. Nur hier gibt es eine alkoholische Spezialität, die ich leider bei uns in Deutschland noch nicht finden konnte: ‚Old Krupnik‘, einen speziellen Schnaps, gemischt aus Vodka und Honiglikör. Er wurde uns bei jenem Besuch als Kostprobe ausgeschenkt und hat uns sofort geschmeckt. Die Flasche von damals hat nicht mal ein halbes Jahr gereicht, so dass wir heute nochmal ein Fläschchen kaufen. Mangels polnischer Zloty zahle ich mit meiner Kreditkarte und mache mich mit Traudl nun stolz ob meiner Eroberung auf den Rückweg zum Treffpunkt, um unseren Bus nicht zu verpassen.

Extra-Champagner

Wir sind natürlich wieder pünktlich an der Parkbucht, wo wir heute Mittag den Bus verlassen haben. Aber unser Häufchen ist noch nicht komplett. Der Bus ist aber auch noch nicht da. Mit fast zehn Minuten Verspätung treffen dann die letzten Mitreisenden bei uns ein, gerade kurz bevor der Bus um die Ecke fährt. Der Busfahrer kennt anscheinend die üblichen Verspätungen seiner Reisegäste und hat schon mal einige Minuten dafür eingeplant. Hat er aber nicht, denn kaum sind wir an Bord, entschuldigt er sich für die Verspätung; ein Unfall auf der Strecke hat ihn aufgehalten. Wenn wir einen Privatausflug geplant gehabt hätten und kämen nur eine Viertelstunde zu spät zum Hafen, könnte die Artania schon längst über alle Wellenberge sein. Aber bei einem organisierten Ausflug passiert das nicht; da wartet das Schiff auf jeden Fall, denn sonst müsste der Reiseunternehmer für den Weitertransport zum nächsten Hafen inklusive Übernachtung sorgen – und das wird teuer!

~.~

Beim Abendessen sitzen wir heute neben einem Ehepaar in unserem Alter und wir unterhalten uns ganz nett über die bisherigen Erlebnisse. In den letzten Tagen hatten wir auch schon andere Tischnachbarn, die entweder total mundfaul waren oder gar nicht mehr aufgehört haben, ihre Lebensgeschichte zu erzählen und dafür lieber ihr Essen kalt werden ließen. Aber heute haben wir Glück, in mehrfacher Hinsicht. Bis zum Hauptgang kommt es wirklich zu einem Dialog vom Wetter in Stockholm bis hin zu den Einreiseformalitäten in Russland. Auch über unseren Reiseveranstalter und den Service an Bord wird gesprochen, und über die großzügige Flasche Champagner zur Begrüßung. „Champagner mögen wir nicht." erklärt unsere Tischgesellschaft, worauf wir dies bedauern, denn er war eigentlich ganz in Ordnung. „Kommen Sie doch mit nach dem Essen; wenn Sie wollen, können Sie gerne unsere Flasche haben?!" Das ist ein Wort! Ich sehe schon, der Abend wird wieder sehr gemütlich: Da die Sonne anscheinend auch heute wieder im Meer versinken wird, würde ein Gläschen Champagner sicher gut dazu passen.

Nachdem wir die angebotene Flasche aus der Kabine unserer Tischgenossen wie eine Beute in unsere Unterkunft transportiert und dort im Kühlschrank verstaut haben, wagen wir uns doch wieder in die Atlantik-Show-Lounge. Die Artania-Showtanz-Truppe bittet heute zu einer ‚Weltreise'. Mit Schlagern aus der ganzen Welt sollen die 60er bis 80er Jahre wieder auferstehen, und das klingt für uns auf jeden Fall sehr einladend. Wir sind spät dran, die Show beginnt in wenigen Minuten. Da brauchen wir gar nicht lange nach einem guten Platz zu suchen; der Saal ist bereits zu 110% besetzt. „An der linken Seite in der ersten Reihe sind doch noch zwei Plätze frei!" und damit ziehe ich Traudl schon in die entsprechende Richtung, um eventuell anderen Spätankömmlingen zuvorzukommen. An meinem Ärmel spüre ich dann aber einen deutlichen Widerstand. Traudl versucht mich zu bremsen: „Erste Reihe! Muss das sein?" Ach so, ihre ‚Mitmach-Phobie'. „Siehst du einen besseren Platz?" versuche ich, sie mehr zu überreden als zu überzeugen. Nach kurzem Zögern folgt sie mir aber dann doch zu den besagten Plätzen; gerade rechtzeitig, bevor das Licht ausgeht. Unser omnipräsenter Zauber-Moderator tritt ins Scheinwerferlicht. Es folgt eine schwungvolle Show quer durch alle Erdteile, wobei die Tänzer uns fast auf die Füße treten. Dafür sind wir mitten im Geschehen und sehen die geschminkten Gesichter mit den angeklebten Mikrofonen ganz aus der Nähe. „Das nächste Mal suchen wir lieber einen Platz in der Mitte!" schließe ich daraus, denn zu viel Nähe raubt mir doch die Illusion und ich achte mehr auf die verschwitzten Gesichter als auf die Darbietung! „…und eine ‚Gute Nacht'!" Damit ist die Show nach etwas mehr als einer Stunde zu Ende.

Kaum in der Kabine, prüfe ich die Temperatur der eroberten Champagnerflasche. „Geht, spül doch mal die Gläser aus!" Mangels Sektgläsern nehmen wir die immerhin auch gläsernen Mundbecher und setzten uns auf den Balkon. Die Sonne ist zwar schon untergegangen, aber die vereinzelten Wolkenstreifen am Himmel sind noch dunkelrot.

Bei einem Glas alkoholischen Sprudelwassers ziehen wir unser Resümee: Es war wieder ein sehr schöner und zugleich erlebnisreicher Tag!

Vivat Bavaria!

Auch heute scheint für uns wieder die Sonne. Dazwischen treiben kleine weiße Wölkchen über den Himmel; richtig bayerisch weiß-blau. Das passt auch hervorragend zum Motto des Vormittags, denn heute ist für 10 Uhr 30 eine echte ‚bayerische Brotzeit' angekündigt. Als wir um kurz nach 10 Uhr auf unserem Außenrundgang auf Deck 4 am Heck vorbeikommen, strömen schon viele Leute über die breite Außentreppe nach oben zur Kopernikus-Bar auf dem Lidodeck. Der ganze nach oben offene, aber an den Seiten mit Glasscheiben geschützte Bereich rund um die kleinen Schwimm- und Sprudelbecken ist in ein bayerisches Bierzelt verwandelt. Weiß-blaue Fähnchen, eine Sängerin in Dirndl und ein Keyboardspieler in kurzer Lederhose sorgen für passende musikalische Unterhaltung. Nebenbei wird noch das Buffet aufgebaut; einige Ständer mit frischen Brezen sind schon an ihren Plätzen, ein Bierfass liegt auf einem Bett von Eiswürfeln und Bierkrüge stehen auch schon massenweise parat. Die Warmhaltebecken werden mit Leberkäse, Schweinebraten und Weißwürsten bestückt, und dazu gibt es noch Kartoffel- und Krautsalate, Senf, Radi (Rettich, für Nicht-Bayern) und Weißbrot. „Was macht das Weißbrot auf einem bayerischen Buffet?" frage ich Traudl, und bekomme scherzhaft als Antwort: „Wahrscheinlich für die Preußen!"

Zur Buffet-Eröffnung erscheint sogar der Kapitän höchstpersönlich; stilgerecht in Lederhose, Wadlstrümpfen und
einer Art Haferlschuhe. Nur sein Uniformhemd mit den
Schulterklappen passt nicht so recht dazu, aber das ist er
wohl seinem Rang schuldig. Er bekommt natürlich das
erste Glas Bier in die Hand gedrückt und statt seinem
‚Skål' versucht er es sogar mit einem Bayerischen: „O
zapft is – Prost!" Zunächst beobachten wir das Treiben
quasi vom Rang aus, denn vom Sonnendeck hat man einen
guten Überblick herunter über die ganze Kopernikus-Bar.

„Soll ich dir etwas holen?" biete ich meiner Frau an, die
aber gleich ablehnt; sie sei noch vom Frühstück so satt!
Nebenbei laufen nun auch die Bardamen und Kellner immer wieder mit Tabletts voller gefüllter Biergläser an uns
vorbei, so dass ich dann doch mal nach einem Krug greife.
Etwas unschlüssig schaue ich erst das Glas an, dann
Traudl, und kann mir meinem schon mehrfach zitierten
Spruch nicht verkneifen: „So trocken bringe ich das Bier
nicht hinunter; ich muss mir ein paar Weißwürste dazu holen!" Und bald darauf bin ich zurück mit einem Teller mit
zwei Weißwürsten, einem süßen Senf und einer Breze.
„Hast du auch Besteck?" fragt Traudl mit suchendem
Blick. Weißwürste mit Besteck? Ich will doch zeigen, dass
ich ein waschechter Bayer bin; Weißwürste werden bei
uns stilgerecht ‚gezuzelt', auch wenn ich sonst den Weißwürsten meistens mit Messer und Gabel zu Leibe rücke.
In Anbetracht der Möglichkeiten auf so einer Schiffsreise
schmeckt die Brotzeit sogar hervorragend!

Ein Tusch! Der Kreuzfahrtdirektor steht am Mikro und wird fast von einer übergroßen Tafel verdeckt. Auf ihr ist eine gemalte Landkarte mit unserer Route quer durch die Ostsee zu sehen, verziert mit Zeichnungen von Sehenswürdigkeiten in den verschiedenen Hafenstädten. Unterschriften von Kapitän und anderen wichtigen Personen an Bord ergänzen das Kunstwerk. „Wir kommen nun zur Versteigerung unserer kunstvoll gestalteten Landkarte. Unser Schiffsmaler und -dekorateur hat sich wieder einmal übertroffen und ein einmaliges Gemälde geschaffen." Stimmt ja, vor zwei Tagen kam mal ein Aufruf über die Lautsprecher, dass Lose für 5 Euro an der Rezeption gekauft werden können. Der Gewinn geht an den ‚Crew-Welfare-Fond', einer Einrichtung, die immer wieder Ausflüge oder andere Events für die Besatzungsmitglieder organisiert; vor allem für diejenigen, die sonst nur ‚im Untergrund' tätig sind, also in Küche, Maschinenraum, Wäscherei, Lager und so weiter. Auch wir haben uns jeder ein Los gekauft; mehr als Spende gemeint, denn die Heinzelmännchen im Schiffsbauch sehen nur selten das Tageslicht. Aber jetzt sind wir doch etwas gespannt, ob wir eine Chance haben.

Erst werden zwei Original-Schiffskarten verlost. Aus der Trommel, die sonst für das angeblich sehr beliebte Bingo-Spiel verwendet wird, darf eine Passagierin – ich glaube, es ist die jüngste Reisende an Bord – nun eine Zahl nach der anderen ziehen. „7" – „Das ist auf unserem Deck!" raune ich Traudl überflüssigerweise zu. „2" – „Wir sind noch im Spiel!" Die Nervosität steigt an. „2" – Keine 1; ok, diesmal war es nichts. Aber es kommen ja noch zwei Chancen inklusive des Hauptgewinns. Die andere Seekarte geht ans Deck 2, das unterste der Passagierdecks. Der Hauptgewinn kommt aber wieder in unsere Nähe, allerdings viel weiter hinten in eine der Suiten auf dem Jupiterdeck. Die Übergabe der Riesenkarte an die Gewinnerin übernimmt der Kapitän höchstpersönlich. „Ich bin mal gespannt, wie die die mannshohe Karte nach Hause bringen will; gut, dass wir sie nicht gewonnen haben, ich wüsste gar nicht, wohin damit!" tröstet sich Traudl ob der verpassten Chance. Unter großem Applaus verlassen die stolzen Gewinner die improvisierte Bühne und eine Mischung aus bayerischer und Schunkel-Musik setzt ein.

Langsam leert sich der Bereich um die Kopernikus-Bar immer mehr. „Ich glaube, die rennen nun alle nach der Brotzeit sofort weiter zum Mittagessen!" wundert sich meine Gattin. „Apropos Essen, du hast ja noch nichts gehabt. Restaurant oder Lidodeck?" lasse ich meiner Frau die Wahl, bekomme aber zu hören: „Lidodeck geht nicht, da sind wir doch schon!" Stimmt, hier ist ja noch der bayerische Frühschoppen im Gange. Also bleibt doch nur noch eines der Restaurants.

Während wir gemütlich im ‚Vier Jahreszeiten' noch eine kleine Mahlzeit zu uns nehmen, nähern wir uns wieder der Küste. Rügen ist unser nächster und letzter Punkt der Reise, bevor wir in Kiel endgültig die Artania verlassen müssen.

Ab in die Rettungsboote

Auch heute gibt es wieder eine Premiere: Wir werden in Binz nicht an einer Pier festmachen können, sondern wir werden ausgebootet! Noch während wir beim Nachtisch sitzen, kommt die Artania zum Stillstand. So schnell wie möglich verlassen wir das Lokal und stürmen Richtung Saturndeck, um dem für uns neuen Geschehen zuschauen zu können. Allerdings sind große Bereiche des Umlaufs mit rot-weißen Bändern abgesperrt, und einige Besatzungsmitglieder sind damit beschäftigt, die Rettungsboote loszumachen und ins Wasser zu lassen. Außerdem wird ein kleiner Ponton bis zum Wasserspiegel abgesenkt und eine Treppe verbindet bald die schwimmende Plattform mit einer der Luken im Schiffsrumpf. Da wir einen Ausflug quer über die Insel gebucht haben, müssen wir uns jetzt auch beeilen, noch rechtzeitig zur Sammelstelle in die Show-Lounge zu kommen. Eigentlich ist ja Binz auch ein ganz schnuckeliger Ort und daher sehenswert, aber wir waren schon vor ein paar Jahren auf Rügen und haben die Hauptorte ausgiebig kennengelernt. Allerdings sind wir nie über Stralsund nach Rügen gekommen, und deshalb wollen wir das heute nachholen.

Gut gerüstet und pünktlich ist unsere Gruppe komplett und wir werden heute zu einem anderen Ausgang geführt als sonst. Auf der flachen Treppe hinunter bildet sich schon ein kleiner Stau, denn das Tenderboot schaukelt doch ganz schön an dem kleinen Ponton, über den unsere ‚Vorgänger' und dann auch wir schließlich doch noch in das Bötchen kommen. Etwas holprig tuckern wir jetzt den Kilometer oder etwas mehr bis zur Seebrücke von Binz. „Schau mal, Phoenix-Reisen ist auch schon da!" stelle ich überrascht fest, denn an der Anlegestelle kurz vor dem Strand stehen bereits zwei große Fahnen des Unternehmens und ein paar Reiseleiter und -leiterinnen im typischen türkis-weiß. Mit Schwung hilft man uns aus dem Tenderboot, das im Notfall auch als Rettungsboot Anwendung findet.

„Nummer 8! Wo ist Nummer 8?" Mehrere unserer Gruppe erkundigen sich bei einer Reiseleiterin, und sie schickt uns an den Anfang der Seebrücke. Dort stehen auch tatsächlich einige Reiseleiter zusammen und stützen sich lässig auf ihre Nummerntafeln. Aber als sie uns kommen sehen, schwenken sie ihre Schildchen, und wir wissen nun, wohin wir gehören. Man gibt uns zu verstehen, dass wir einen engen Zeitrahmen haben und unserem lokalen Anführer flott folgen sollen. „Das gilt wohl mir." bemerke ich zu meiner Frau, denn ich versuche noch eine Aufnahme mit den leuchtenden Blumenkästen im Vordergrund und der Artania im Hintergrund zu schießen, bin aber mit der automatischen Entfernungseinstellung nicht zufrieden und versuche es mit manuellen Werten noch einmal. Natürlich ist die Gruppe schon ein gutes Stück weiter, als ich mit dem Foto einverstanden bin. Und wie üblich steht meine

Gattin ungefähr in der Mitte zwischen mir und der Ausflugsgruppe, um mir den Weg zu weisen.

Mit erhöhtem Tempo schaffe ich schließlich den Anschluss und wir hasten noch durch mehrere Straßen, bis wir zum Busparkplatz kommen. Über einige Alleen und über teilweise vertrautes Terrain durchquert unser Bus ganz Rügen, um über die Brücke zu unserem Ziel auf dem Festland zu gelangen, Stralsund. Vom Parkplatz des Opernhauses aus geht es dann wieder auf eigenen Füßen weiter. Unser Reiseführer dirigiert uns zunächst in einen schmucken Innenhof des ehemaligen Johannis-Klosters. Ringsum stehen noch einige Backstein-Gebäude und ebensolche Ruinen der früheren Anlage, aber auch ein paar Fachwerkhäuschen. Dazwischen leuchten eine saftige grüne Wiese und am Rand viele rote Malvenblüten.

Weiter geht es quer durch die Stadt, vorbei an vielen roten Bauwerken aus dem hier weit verbreiteten Backstein. Manche der Häuser haben auch Ziergiebel und Schauwände, hinter denen sich nichts befindet, die aber das Gebäude größer wirken lassen. „Das ist ja Vorspiegelung falscher Tatsachen!" meint Traudl, aber ich glaube es ist einfach eine Frage des Protzes, nach dem Motto ‚Angabe ist das halbe Leben'; man musste damals auch schon zeigen, wer, oder besser, was man ist!

Der Rundgang endet an einem großen Platz mit einer ebensolchen Kirche, Sankt Nikolai, mit eineinhalb Kirchtürmen. „Im 17.Jahrhundert wurden die hölzernen Turmaufbauten nach einem Feuer mit neuen Spitzen versehen.

Allerdings hat zunächst das Geld nur für eine Kupferhaube mit Laterne und Spitze gereicht, der andere Turm wurde nur mit einer einfachen Kupferplatte abgedeckt. Das ist dann aber bis heute so geblieben." erklärt unser Stadtführer die ungleichen Türme.

Uns wird noch eine viertelstündige Freizeit zugestanden, bevor wir uns Richtung Hafen aufmachen wollen. Aber zuvor nutzen vor allem die Damen noch die Möglichkeit, ein stilles Örtchen aufzusuchen. Während Traudls Abwesenheit entdecke ich ein Café mit einem Straßenverkauf, an dem es Softeis gibt. Nach einem kurzen Kampf mit meinem inneren Schweinehund gewinnt dann doch der Eisverkäufer. Als Traudl zurückkommt, biete ich ihr gerechterweise auch den Kauf einer Tüte an; das wird aber vorsichtshalber ‚aus Hygienegründen' abgelehnt. Einer von uns beiden sollte schließlich auf dem morgigen Heimweg gesund bleiben!

Nun geht es aber ab zum nächsten Besichtigungspunkt. Auf dem Weg dorthin bremst uns unser Anführer mitten in einer Gasse und zeigt auf eine Hausecke. In rund drei Meter Höhe hängt ein kleiner nackter Junge aus Bronze oder Kupfer an der Dachrinne und reckt uns sein Hinterteil entgegen. Das Haus hat wohl mal einem Schlosser oder anderem Blechbearbeiter gehört, der sich dort ein Denkmal gesetzt hat.

Nach ein paar weiteren Metern kommen wir endlich zu dem Höhepunkt des Ausflugs, zumindest für mich: zur ‚Gorch Fock I'.

Die Marine ruft

Als 1945 die Sowjets gegen Rügen zogen, wurde die Gorch Fock I zuerst von einigen Granaten getroffen, aber schließlich von den Deutschen selbst versenkt, damit sie nicht in Feindeshände fällt. Nur noch ein paar Mastspitzen haben danach herausgeschaut. Heute steht die Gorch Fock als Museumsschiff wieder schwimmfähig im Hafen von Stralsund, allerdings ist sie noch nicht motorisiert und kann noch nicht alleine lossegeln. Jetzt wartet man noch auf weitere Spenden, um auch die letzten Arbeiten durchführen zu können.

Die Museumsführerin hat uns an Deck noch viel mehr erklärt, eigentlich die ganze Geschichte des Seglers, der 1933 schon als Schulschiff geplant war. Aber, wie meistens, habe ich nicht so viel davon mitbekommen, denn ich war wieder auf der Suche nach guten Motiven, von denen sich auf dem strahlend weißen Schiff und bei Sonnenschein genügend anboten. Jetzt geht es in den Bauch der Gorch Fock I.

„Kann man sich gar nicht vorstellen, unter welchen Bedingungen die Kadetten hier damals gelebt haben!" Meine Frau stimmt mir zu, denn hier unten ist es doch ziemlich beengt und dunkel, trotz der kleinen Bullaugen. Eine Ausnahme stellt die Messe der Besatzung dar, hier ist wenigstens etwas mehr Platz. Aber in den Schlafkojen, in denen manchmal drei Hängematten übereinander hängen, darf man keine Privatsphäre erwarten. Da hat es der Kapitän schon deutlich vornehmer: Nur mit Ledersessel, gediegener Holzvertäfelung, eigener Heizung und Tischdecke wurde er wohl seinem Rang gerecht. „Hier können heute Trauungen angeboten werden, was auch gerne wahrgenommen wird." hören wir, denn die Gorch Fock ist als Außenstelle des Standesamts anerkannt worden. Für Segelfreaks sicher eine eindrucksvolle Umgebung für einen solchen Anlass!

Küche und Waschgelegenheiten sind zwar vorhanden, aber wie man hier für bis zu 250 Kadetten und Offiziere Platz haben soll?? Da wird es ja schon für einen 4-Personen-Haushalt eng!

Zum Abschluss der Führung werden wir nochmal an Deck versammelt. „Wenn Sie ein gutes Werk tun wollen, dann unterstützen Sie uns bei der Fertigstellung der Gorch Fock und werden Sie Mitglied in unserem Verein. Ihren Mitgliedsbeitrag können Sie sogar selbst bestimmen. Sie können aber auch ein paar Souvenirs mitnehmen." Während ihres Vortrags zeigt sie ein Modell des Schiffs aus Plastik herum, in der Vitrine liegen aber auch T-Shirts, bedruckte Tassen, Flaschenöffner und natürlich verschiedene Postkarten mit Ansichten des Seglers von innen und außen. Das Prunkstück ist aber ein ganz aus Holz gefertigtes Modell im Maßstab 1:100. Während wir noch die alten Fotografien aus Jugendzeiten der Gorch Fock betrachten, tragen sich doch zwei Paare unserer Gruppe in die Mitgliedsliste ein. Auch ein paar Postkarten gehen über die Theke.

Dann heißt es aber wieder, Abschied von diesem eleganten Schiff zu nehmen. Wie eine Schar Hühner werden wir zu unserem Bus getrieben, denn wir müssen uns mal wieder beeilen. Der Feierabendverkehr könnte uns noch Probleme bereiten!

Tut er aber nicht. Jedoch der Fußmarsch in Binz vom Busparkplatz zur Seebrücke zieht sich. Ich traue mich schon gar nicht mehr, Fotos zu schießen, so werden wir durch die Gassen gehetzt. Plötzlich ist unsere Gruppe nur noch auf die Hälfte zusammengeschrumpft. Also wieder stopp, bis die Herrschaften aus dem Bernsteinladen herauskomplimentiert werden. „Wollen Sie noch mit auf die Artania?" Die provokative Frage unseres Anführers zeigt doch einen Erfolg, und wir hasten weiter. Inzwischen können wir auch schon wieder unser Schiff draußen auf Reede liegen sehen, aber die Fahnen am Steg sind bereits eingeholt. Dafür ist der nun voller Menschen, die hier wohl ihren abendlichen Spaziergang unternehmen. Wir quetschen uns durch die Massen. Wo ist die Treppe zu der Plattform, wo heute Mittag unser Tenderboot angelegt hat? Ohne wegweisende Fahnen ist die Orientierung im Getümmel schwierig. Ist überhaupt noch ein Tenderboot da? „Da vorne!" Unser Begleiter vom Artania-Team, der jetzt wieder die Gruppe übernommen hat, zeigt in eine Richtung. Und richtig, durch die Schaulustigen hindurch leuchtet uns etwas Rotes entgegen: das Rettungsboot wartet noch auf uns. Beim Einsteigen werden wir vorsichtshalber nochmal gezählt, dann geht es zurück zum Kreuzfahrtschiff.

Bei der Annäherung an die MS Artania sehen wir, dass bereits alle anderen Tenderboote schon wieder an ihren Haken hoch oben über dem Saturndeck hängen. Wir sind also wirklich die Nachhut. Als wir das Schiff betreten wird uns auch klar, warum die Hektik notwendig war: Vor den Restaurants wird schon wieder dekoriert! „Hast du es nicht im Tagesprogramm gelesen? Heute ist doch das große Abschiedsessen!" erinnert mich meine Frau. Stimmt ja, heute Morgen habe ich es ihr sogar vorgelesen. „Da sollen wir uns wieder in Abendkleidung zeigen." ergänze ich um zu beweisen, dass ich mich sehr wohl an die Abendplanung erinnern kann. Aber bis dahin haben wir noch zwei Stunden Zeit.

Kaum in der Kabine, hören wir von draußen auch schon das Kratzen der Ankerkette beim Einholen. „Unsere Reise ist schon gleich wieder zu Ende!" Traudl scheint diese Tatsache wirklich zu bedauern, wenn es nach ihr ginge, könnte die Reise ruhig noch weitergehen. Wenn ich mir aber vorstelle, wie viele ganz unterschiedliche Eindrücke wir in diesen elf Tagen gewonnen haben, müssten wir die erst mal verarbeiten. Nochmal ein paar neue Häfen, und wir bringen dann vermutlich die Bilder in unseren Köpfen völlig durcheinander. Wie machen das nur die Leute auf Weltreise?

Die Henkersmahlzeit

Damit uns der Abschied besonders schwerfällt, wird heute Abend nochmal ein Galadiner serviert werden – mit sieben Gängen! „Du musst dann ja nicht das ganze Menü nehmen." empfehle ich meiner Gattin, denn ich sehe schon die Angst in ihren Augen, dass sie mit diesem Angebot überfordert sein könnte. Jetzt müssen wir uns aber erst mal für eine passende Ausstattung entscheiden. Ich habe es da einfach; ein frisches Hemd liegt noch im Schrank und eine meiner Krawatten passt sogar dazu. Bezüglich Sakko ist die Wahl einfach, denn ich habe nur ein einziges dabei, und das passt zu meiner dunklen Hose. „Die Hose ist aber schon ganz schön zerknittert!" stelle sogar ich fest, aber das bringt Traudl nicht aus der Ruhe. „Es gibt doch einen Waschsalon mit Bügeleisen irgendwo!?" Das kann ich herausfinden! Auf meinem kleinen Deckplan, der inzwischen schon mehr Knitter und Falten hat als meine Hose, lokalisiere ich den Waschsalon für Passagiere auf dem Saturndeck ziemlich weit vorne. „Komm mit!" Mit meiner Gattin inklusive Hose im Schlepptau gehe ich voran. Nicht lange, und wir stehen zwischen mehreren Waschmaschinen und Wäschetrocknern. Einige davon leuchten oder blinken sogar, andere stehen nur stumm da. An einer Wand hängen zwei Bügelbretter zum Herunterklappen, und daneben die dazugehörenden Bügeleisen. Im Gegensatz zu den großen Maschinen ist deren Benutzung kostenlos. Traudl fackelt nicht lange, stellt eines der Bügeleisen ein und legt los. Es zischt etwas, und meine Hose ist wie neu! „Hättste auch selber machen können!" Mit diesen Worten reicht sie mir mein Beinkleid, und ich antworte sicherheitshalber mal nichts außer: „Danke, Schatz!"

Inzwischen haben wir allerdings zehn Minuten Verspätung, als wir zum Restaurant Artania kommen. Natürlich sind um diese Zeit die Fensterplätze schon alle belegt. Aber in der zweiten Reihe sitzen an den Sechsertischen meist nur zwei Personen. Ich frage höflich bei einem älteren Paar an, ob wir uns dazusetzen können. Im tiefsten Allgäuer Dialekt wird uns das gestattet, und wir geben uns auch als Bayern zu erkennen. Damit ist schon mal eine gute Basis für eine Konversation geschaffen. Bald wissen wir, welche Ausflüge unsere Tischnachbarn unternommen hatten, und dass sie heute in Binz ein kleines Vermögen für Bernsteine ausgegeben haben. Ob sie diese auf Echtheit geprüft hätten, frage ich etwas angeberhaft. „Dia ham ma in nem vornehma Gschäft kaaft!" sagen sie aus dem Brustton der Überzeugung und hegen an der Echtheit der Steine keinen Zweifel.

Mein Menü mit Champagner-Sorbet, Lachsvariationen, Seeteufel an diversen Gemüsesorten und einer Käseauswahl ist vorzüglich, wenn ich mich auch auf nur vier Gänge beschränke. Oder fünf, wenn ich den Gang zum Salatbuffet eigens zähle. Das obligatorische Alkoholfreie passt zwar nicht so ganz dazu, aber es soll ja auch Bayern geben, die sogar zum Kuchen ein Bier trinken. Da bin ich ja noch fast stilgerecht in meiner Getränkewahl. Traudl gönnt sich heute sogar einen Weißwein zu ihrem Fisch. Unsere Tischgenossen bestellen aber inzwischen schon das dritte oder vierte Bier, wohlgemerkt jeder!

„Gangert Ihr au zum Käptensabschiad?" Natürlich gehen wir auch zum Kapitänsabschied, bejahe ich die Frage der Allgäuer und werfe einen Blick auf meine Uhr. „Da müssen wir aber bald gehen, wenn wir noch einen schönen Platz wollen!" raune ich Traudl zu, denn auf die Gesellschaft des Pärchens an unserem Tisch könnten wir verzichten; auf Dauer fordert der Dialekt unsere ganze Aufmerksamkeit.

In der Artania-Show-Lounge ist noch genügend Platz. Auch heute gibt es für uns wieder die Cocktails des Tages, einmal mit und einmal ohne Alkohol. Pünktlich um halb 9 Uhr ertönt die bekannte Marschmusik, zu der die Offiziere und Reiseleiter einmarschieren und sich auf der Bühne sammeln. Es folgt eine kleine Ansprache des Reiseleiters, der dann das Wort und das Mikro an den Kapitän übergibt. Beide berichten recht humorvoll von den Stationen unserer Kreuzfahrt, dass niemand ernsthaft krank geworden ist, und auch, dass die Artania keine neue Beule oder Delle bekommen hat. Dann wird angestoßen, und der Kapitän hat vermutlich wieder nur Apfelschorle in seinem Glas. Da passiert es. Als sich die Gläser von Kapitän und Reiseleiter klirrend begegnen, hält Kapitän Hansen plötzlich nur noch den Stiel seines Glases in der Hand. Schorle und Scherben liegen am Boden. Ein kurzes Gelächter, dann kommt auch schon eine Bedienung und reicht dem obersten Offizier ein neues Glas. Also nochmal von vorne: „Skål!" wünscht der Kapitän und, nach einem großen Schluck aus seinem neuen Glas, ganz verwundert: „Das iste ja echtes Champagner!" Der Saal brüllt vor Lachen. So gut hätte man den Gag gar nicht inszenieren können! Andererseits die arme Bedienung, die dem Kapitän überstürzt das Ersatzglas gereicht hat. Unter den Klängen der Soundanlage ziehen nun alle Offiziellen wieder hinaus. Ob der Kapitän nun überhaupt noch auf die Brücke darf? Oder lässt er sich lieber ablösen? Keine Ahnung.

Unser Zauberer übernimmt nun die Moderation und führt durch einen bunten Abend, während dem nochmal alle Künstler der Reise auftreten. Die Harfenistin spielt Klassisches und das Ballett tanzt und singt modern, eine Solosängerin erinnert sich an ‚Memories' aus ‚Cats' und der Zauberer täuscht seine Zuschauer gekonnt mit verschiedenen Tricks. Auch der Lektor schaut wieder vorbei und sogar den Bordgeistlichen lockt man nochmal auf die Bühne. Unter großem Applaus werden die Künstler verabschiedet, und der Moderator wünscht sein „… und eine ‚Gute Nacht'!"

„Für uns ist es die letzte Nacht an Bord." stelle ich nun auch etwas wehmütig fest. Und während ich meine Aufnahmen vom heutigen Ausflug durchsehe und ein paar davon gleich mal lösche, schreibt Traudl ins Tagebuch ihre persönlichen Eindrücke von Rügen und Stralsund.

Ade Artania

Nach diesen abendlichen Aufgaben geht es ans Packen. Nicht, dass wir es nicht erwarten könnten, von Bord zu kommen! Wir haben ja unseren Koffertransport auch für den Heimweg gebucht, und dazu müssen die Gepäckstücke bis 2 Uhr morgens auf dem Flur vor der Kabine stehen. Grundsätzlich geht das Packen für die Heimreise ja deutlich schneller als bei der Anreise, auf dem Rückweg ist ein Großteil der Kleidung sowieso für die Waschmaschine vorgesehen, ein sauberes Zusammenlegen also nicht nötig. Aber jetzt kommt noch die Entscheidung dazu, was muss in das Handgepäck beziehungsweise in den kleinen Rollkoffer, den wir selbst mitnehmen werden? Was brauchen wir sofort wieder, sobald wir zuhause ankommen? Der Koffertransporteur wird uns die beiden großen Koffer erst in zwei bis drei Tagen abliefern! Kulturbeutel und Wäsche für morgen, Fotoausrüstung, ein paar der kleineren oder leichteren Mitbringsel, natürlich die Unterlagen wie Bahnkarten, Pässe, …

„Pässe! Hast du die schon geholt? Und unsere Rechnung bezahlt?" Meine Frau schaut mich dabei fragend an, als ich die fürs Handgepäck vorgesehene Dinge aufzähle. Nein, habe ich nicht. „Das müssen wir nachher zusammen machen; du willst deinen Pass ja auch wiederbekommen!?" schlage ich vor und bin froh, dass mir diese Begründung gerade noch rechtzeitig eingefallen ist.

So, die roten Koffer sind zu, aber nicht abgeschlossen, denn der Zoll könnte noch einen Blick hineinwerfen wollen. „Hast du den Krupnik ins Handgepäck?" Mir fällt nämlich noch ein, dass in den aufgegebenen Koffern keine zollpflichtigen Waren sein dürfen; sonst könnten die erlaubten Höchstmengen nicht überprüft werden, denn die importierten Mengen im Handgepäck können nicht mitgerechnet werden. Traudl öffnet daraufhin einen der Koffer nochmal und zieht prompt die Flasche mit dem süßen Vodka aus Danzig heraus. Die kommt jetzt in den blauen Koffer, der noch halb leer ist.

Auf dem Weg zur Rezeption werfen wir noch einen Blick auf die Wettervorhersage im Schaukasten. 20°C, trocken, leichter Wind aus Südost, fühlt sich an wie 19°C. „Den Schirm können wir noch in den Koffer geben." schlage ich daraufhin vor. An der Rezeption stehen schon ein paar Leute an, aber es geht schnell. Nach Vorlage unserer Bordkarten erhalten wir zunächst einen Ausdruck mit einer Aufstellung unserer Ausgaben. „Das ist aber viel!?" meint meine Gattin bei einem flüchtigen Blick auf das Papier, während ich die Posten kurz überfliege. „Da sind ja auch die Ausflüge mit dabei!" erkläre ich ihr den stattlichen Betrag. Zufrieden nickt sie mir daraufhin zu und ich begleiche die Rechnung mit meiner Kreditkarte. Zum Abschluss händigt uns die türkis-weiße Dame unsere Reisepässe aus und wünscht uns einen guten Heimweg. Aber zunächst verbringen wir noch eine Nacht in unseren Kojen.

~.~

Der Morgen graut. Die Artania schleicht an einer Küste entlang. Vom Balkon aus sehe ich das Denkmal von La- boe, das wir auch beim Auslaufen im Abendlicht bemerkt hatten. „Wir sind gleich da." rufe ich meiner Frau zu, die heute ausnahmsweise nach mir aufgestanden ist. Um 9 Uhr sollen wir nach Plan ankommen, das wären noch gut zwei Stunden bis Kiel; da werden wir wohl wieder etwas Verfrühung haben.

Der Veranstalter bietet organisierte Bustransfers in einige Städte Deutschlands an, aber nicht in unsere Gegend. Wir werden daher die Bahn nutzen und haben schon vor der Abreise Sitzplatzreservierungen vorgenommen. Der Zug soll fahrplanmäßig um 10 Uhr 25 Richtung Hamburg ab- fahren und dort um 11 Uhr 55 schließlich nach Augsburg. „Vielleicht erwischen wir noch einen Zug früher nach Hamburg," überlege ich laut, „wenn wir uns mit dem Frühstück beeilen." Etwas mehr Sicherheit schadet ja nicht! Und die Platzreservierung Kiel-Hamburg ist auch nicht so wichtig wie die auf der langen Strecke bis Augs- burg.

Statt in eines der Restaurants gehen wir zum Buffet auf dem Lidodeck und bedienen uns dort selbst. Währenddes- sen zeigt sich die Kulisse von Kiel, und kurz darauf schickt sich der Kapitän an, an der gleichen Stelle anzulegen, an der wir vor elf Tagen an Bord gegangen sind. Für die Bus- reisenden sind genaue Auscheckzeiten festgelegt, für uns als Individualreisende gibt es keine Vorgaben. „Meinst du, wir kommen noch zum früheren Zug um 9 Uhr 25? Der

Fußweg zum Bahnhof dauert sicher eine halbe Stunde!" gebe ich zu Bedenken, zumal es inzwischen auch schon Viertel vor 9 Uhr ist, und die Gangway zum Verlassen des Schiffs gerade erst angedockt wird. Wir sind uns schnell einig, dass es wohl keinen Sinn hat, uns so abzuhetzen; schließlich haben wir immer noch Urlaub. Also genießen wir das Frühstück noch und holen dann in Ruhe unser verbleibendes Handgepäck aus der Kabine. Ein letzter Blick in alle Schränke, und die Kabinentüre fällt hinter uns ins Schloss.

Natürlich sind wir nicht die Einzigen, die das Schiff verlassen wollen. Außer uns waren immerhin knapp über 1000 Passagiere an Bord. Beim Verlassen des Schiffs zeigen wir zum letzten Mal unsere Bordkarten vor, und der Kreuzfahrtdirektor wünscht uns einen guten Nachhauseweg und er würde sich freuen, uns mal wieder auf einer Reise begrüßen zu dürfen. Über die Landungsbrücke kommen wir in das gläserne Abfertigungsgebäude und entscheiden uns für den grünen Ausgang mit dem Hinweis ‚Nichts zu verzollen'. Wir werden auch nicht behelligt und stehen bald wieder auf festem Boden in Kiel. „Ich mach noch ein Abschiedsfoto!" und lege dazu eine kleine Pause ein. Es ist ja noch genügend Zeit und wir gehen daher nun mitten durch die Fußgängerzone Richtung Bahnhof. Das ist zwar nicht besonders interessant, denn die allermeisten Geschäfte haben noch zu; wie bei uns zuhause werden auch hier die Läden erst um 10 Uhr aufgemacht. Nur hinter einigen Schaufensterscheiben regt sich schon etwas.

Null Klima

Punkt 10 Uhr stehen wir vor der großen Anzeigetafel mit den Abfahrtszeiten und Gleisen. „Bahnsteig 4!" stellen wir gleichzeitig fest, und halten nach der Beschilderung Ausschau. Da steht schon ein Zug, und die Anzeige verrät uns, dass hier bereits unser Transportmittel für die Fahrt nach Hamburg bereitsteht. Wagen und reservierte Sitze sind schnell gefunden, und wir verstauen unseren kleinen Koffer und die Reisetasche über uns im Gepäckfach. Außer uns sind im Zug schon ziemlich viele Mitreisende, zumindest für einen gewöhnlichen Donnerstag. Als die Bahnhofsuhr auf 10 Uhr 25 zeigt, tut sich erst mal gar nichts. Außer dass noch schnell ein paar Spätankömmlinge in die schon gut besetzten Wagen springen, ist nichts von einer möglichen Abfahrt festzustellen. 10 Uhr 30, 10 Uhr 40, nichts passiert. Sitzen wir doch im falschen Zug? Aber hier waren ja unsere Plätze als reserviert angezeigt. Fast eine halbe Stunde ohne jegliche Veränderung, dann kommt eine Durchsage: „Wegen einer technischen Störung verzögert sich unsere Abfahrt noch etwas. Wir bitten um Ihr Verständnis!" Verständnis wofür? Dass die Bahn uns einen defekten Zug bereitgestellt hat? Dass mal wieder eine Türe klemmt? Oder dass sich eine Bremse nicht löst? Irgendwie muss der Zug auch hierhergekommen sein, und da hat er wahrscheinlich noch funktioniert. Oder ist es ein Personalproblem? Hat der Zugführer verschlafen? Man lässt uns erst mal im Ungewissen.

Da knackst es wieder im Lautsprecher. Es ist inzwischen 11 Uhr vorbei. „Wegen einer defekten Klimaanlage müssen wir den Wagen Nummer 14 abhängen. Bitte räumen Sie den Wagen 14 und begeben Sie sich in einen der vorderen Wagen!" Es kommt zu einem kleinen Tumult. Um uns herum entsteht eine Hektik, und jeder der Mitfahrenden flüchtet nach vorne. Stimmt ja, das ist unser Wagen, und dazu der mit unseren reservierten Plätzen, für die wir auch schon lange vorher bezahlt haben!

Mühsam hole ich unser Gepäck wieder aus der Ablage über unseren Köpfen und so ziemlich als Letzte drängen wir uns nun auch durch den Gang zum nächsten Wagen. Hier stehen die Leute platzsuchend schon dicht gedrängt im Gang und sind froh, wenigstens ein Eckchen als Stehplatz zu ergattern. Für uns mit unserem Gepäck ist die Sache aussichtslos. Schon das Durchkommen ist schwierig, einen Platz zu finden illusorisch. Von hinten zwängt sich nun noch ein Zugbegleiter durch die Leute. „Was ist nun mit unserem reservierten Platz in Wagen 14?" wage ich zu fragen, bekomme aber nur ein Achselzucken als Antwort. Aber, ehrlich gesagt, mehr habe ich auch gar nicht erwartet. Wir sollen wohl damit zufrieden sein, überhaupt mitfahren zu dürfen?!

Auf halber Strecke steigen ein paar Reisende aus, und zumindest meine Frau findet einen Sitzplatz und – fast noch wichtiger – eine Unterbringung für unser Gepäck, das bis dahin auf dem Boden stehen musste und so schon für einige Durcheilende zur Stolperfalle wurde. Nach dem Halt

kommt wieder der Zugbegleiter und fragt nach den Fahr-
karten. Während er unsere Karten kontrolliert, frage ich
nach unserem Anschluss in Hamburg. Stirnrunzelnd blättert er in seinen Unterlagen und meint, dass es knapp werden könne. „Und was dann; auch für die Verbindung nach
Augsburg haben wir eine Platzreservierung!" Er vertröstet
uns und will sich genauer erkundigen.

Tatsächlich kommt er ein paar Minuten später nochmal
vorbei und präsentiert uns seinen Plan: Statt in Hamburg
Altona, wie geplant, sollen wir am Hauptbahnhof aussteigen und einen anderen Zug bis Hannover nehmen. Dort
müssten wir dann unseren Zug nach Augsburg erreichen.
Ob dann aber die reservierten Plätze noch frei sind, das
kann er auch nicht sagen.

Von den 40 Minuten Verspätung bei der Abfahrt hat der
Lokführer läppische 5 Minuten einholen können. Als wir
in Hamburg ankommen, ist unser geplanter ICE schon
zehn Minuten Richtung Süden unterwegs. Also nehmen
wir den IC, der uns so heiß empfohlen wurde, nach Hannover. Weiter können wir nicht mit ihm fahren, denn er
bedient dann den Westen Deutschlands. Zumindest finden
wir für diesen Abschnitt Sitzplätze.

Hannover Hauptbahnhof. Wir klettern mit Gepäck aus
dem Zug und studieren die Anzeigetafel. Von unserer
Zugnummer ist darauf nichts zu finden. „In einer halben
Stunde kommt ein ICE nach München, den können wir
nehmen." kann ich als beste Lösung meiner Gattin anbieten. In der Zwischenzeit ziehe ich mir eine Cola light aus

dem Automaten und Traudl präsentiert noch ein Päckchen mit Salzmandeln aus ihrem Vorrat.

Der Zug ist jedenfalls pünktlich. Aber gesteckt voll! Sitzplätze sind weit und breit nicht auszumachen. Also viereinhalb Stunden stehen? Sollte der bisherige Urlaub auch nur ansatzweise erholsam gewesen sein, dann ist die Erholung spätestens jetzt im Eimer! Auch in Göttingen und Kassel haben wir keine Chance, einen Sitzplatz zu erobern. Erst in Fulda ist meine Frau schnell genug, und schiebt auch den Koffer zwischen ihre Beine, damit der Durchgang wieder etwas begehbarer wird. Die Erlösung kommt nach zwei Stunden in Würzburg: der halbe Zug ist plötzlich leer. Erschöpft lasse ich mich in den Sitz gegenüber meiner besseren Hälfte plumpsen und falle gleich in einen Halbschlaf. Ich bekomme zwar alles mit, was um mich rum passiert, aber ich bin einfach zu faul, meinen Mund aufzureißen und meinem Ärger Luft zu machen. Das eintönige Gerappel ist auch nicht gerade stimulierend.

„Hallo, aufwachen!" Meine Frau rüttelt an meinem Knie. „Wir sind gleich da." Habe ich jetzt wirklich geschlafen? Die letzten zwei Stunden sind erstaunlich schnell vergangen. Wir holen unser Gepäck von der Ablage über uns, wobei ich nicht mal sagen kann, wie es dort hinaufgekommen ist. Bei der Einfahrt in den Augsburger Hauptbahnhof stehen wir schon an der Türe. „Jetzt muss nur noch unser Familientaxi bereitstehen, dann haben wir es geschafft!" meine ich, aber da sehen wir schon unseren Sohn am Bahnsteig stehen.

Was bleibt

„Und, erzählt!" Klar, dass unser Sohn und seine Frau, die im Auto vor dem Bahnhof mangels Parkplatz gewartet hat, nun vieles wissen wollen. „Im Großen und Ganzen war es eine tolle Reise!" fasse ich die letzten 11 Tage in einem kurzen Satz zusammen in der Hoffnung, dann meine Ruhe zu bekommen. Denkste! Sie wollen natürlich mehr wissen. Aber da springt meine Frau ein und berichtet erst mal von der herrlichen Schiffsreise. Auch die Bahnprobleme können den sehr positiven Eindruck nicht zunichtemachen. „Was war denn das Schönste?" will meine Schwiegertochter wissen. Für mich ist das ganz eindeutig der Moment, als wir aus dem Schloss Drottningholm herauskamen und die Sonne hat das Gebäude vor dem schwarzen Himmel strahlen lassen. Meine Frau glaubt, dass die Sonnenuntergänge an Bord sie am meisten fasziniert haben. Und Riga mit seinen Jugendstilgebäuden. Und die Schären auf dem Weg nach Stockholm. Und natürlich die Eremitage. Und die junge Stadt Helsinki. Mir fallen noch die Pommern und die Gorch Fock ein; beide Schiffe erzählten doch auch ihre eigene bewegende Geschichte.

„Würdet ihr nochmal so eine Kreuzfahrt machen?" fragt unser Sohn. Wie aus einem Mund antworten wir: „Jederzeit!" Es locken noch so viele Ziele, die man mit einem Schiff erreichen kann! Ich werde in den nächsten Tagen mal unser Reisebüro besuchen…

Zu Kreuze fahren
Der Ratgeber für Kreuzfahrer

Herbert Alt schildert anhand seiner Erfahrungen auf humorvolle Weise, wie Kreuzfahrt geht. Dabei beginnt die Reise nicht etwa erst an Bord, sondern schon mit der Entscheidung, wer für ein derartiges Abenteuer geeignet ist. Durch die vielen wirklich erlebten Anekdoten ist dieses Buch als leichte Lektüre auch noch nach einer Kreuzfahrt bestens geeignet.

ISBN 9-783746-012513

Zu Kreuze fahren

… an Norwegens Küste

Eine Kreuzfahrt kann sehr erlebnisreich sein; gerade dann, wenn es an der norwegischen Küste entlanggeht, wo man jeden Tag mehrere Häfen anläuft. Das Wetter schlägt Kapriolen, und die Landschaft ist atemberaubend. Der Autor berichtet von einer 11-tägigen Reise zum Nordkap mit vielen Überraschungen, die der Leser hautnah miterleben wird.

ISBN 9-783746-036014